Charcuterie
샤르퀴트리

한 권으로 마스터하는 프랑스 수제 가공육의 모든 것

오기노 신야 지음 | 김경은 옮김

한스미디어

머리말

사냥과 목축을 기본으로 하여 고기를 주로 먹던 유럽의 식문화에서는 고기를 오랫동안 보관하기 위한 지혜가 생겨났다. 그래서 농경사회로 쌀이 주식인 일본인에게 그 지혜는 대단한 발명으로 느껴진다.

우리가 쌀이라는 작물을 다양한 요리로 발전시키고 쌀뜨물이나 쌀을 도정하고 남은 찌꺼기를 쌀겨로 활용해 남김없이 사용하는 것이 그들의 문화에서 말하는 샤르퀴트리에 해당하지 않을까? 공통적으로 음식을 버리지 않고 소중히 먹기 위한 훌륭한 지혜이다.

인류가 불을 사용하여 사냥감을 가열하고 더 오래 보관하는 방법을 익힌 시점부터 육가공품은 단순한 저장 식품이라는 틀을 넘어 서로 경쟁하듯 더 맛있는 음식을 찾게 되었다. 그 결과 오늘날의 훌륭한 가공 기술의 지혜로 이어져 왔다.

요리를 배우던 시절부터 나는 돼지 한 마리를 발톱과 털을 제외하고 전부 요리해서 먹는 샤르퀴트리라는 분야에 대해 막연히 동경해왔다. 하지만 샤르퀴트리에 대해 자세하게 언급한 책은 별로 없었다. 그래서 일부러 프랑스에 가서 현지의 맛을 머리와 입으로 느끼고, 프랑스의 전문 서적을 읽고 직접 만들어보며 실패와 가설과 검증을 몇 번이고 반복했다.

기본부터 응용까지 시도해보고 스스로 '이거다!'라는 확신을 얻은 후, 일본의 기후에 맞게 자란 재료를 사용하여 현지에는 없는 일본만의 특징이 있는 샤르퀴트리 제품을 만들었다. 이 책에서는 소규모이며 가축 수용소가 한정된 레스토랑에서도 첨가물 없이 실패하지 않는 레시피들을 소개할 것이다.

레스토랑 요리란 순간의 예술이며 갓 나온 음식을 고객에게 제공하는 것이 최상의 부가 가치이다. 그러나 샤르퀴트리 작업은 확실한 이론과 명확한 배합을 지켜야 안정적으로 만들어 낼 수 있고 사업적으로도 충분히 꾸려나갈 수 있게 된다. 즉, 샤르퀴트리는 레스토랑처럼 덧셈이 아니라 곱셈이 가능한 장르이며 향후 프랑스 요리와 레스토랑업의 발전에 기여할 가능성이 크다는 것이다.

요리사의 일은 식재료를 가공하여 거기에 부가 가치를 더하는 것이다. 비싼 식재료를 사용하지 않고도 요리사의 역량으로 얼마든지 부가 가치를 만들어 낼 수 있다는 점이 샤르퀴트리의 매력 중 하나다. 전문적인 샤르퀴트리는 가정에서 재현하기가 어렵기 때문에 프랑스에서는 전문 분야로 확립되어 있다. 이것이 일본에서도 하나의 식문화로 인식된다면 요리사의 새로운 방향성으로 자리 잡을 것이다.

요즘은 전 세계의 모든 정보를 언제나 실시간으로 접할 수 있는 시대다. 이런 시대에 레스토랑의 요리는 점점 심플하고 예술적인 감각으로 장르를 넘어 퓨전이나 컬래버레이션이 큰 주류가 되었다. 그러나 새로운 요리법, 시대의 유행을 따르는 것만이 요리사의 일은 아니다. 이 책을 읽은 독자들이 이런 보편적인 요리를 다시 생각해 볼 수 있는 계기가 되었으면 좋겠다.

오기노 신야

004	머리말
006	목차

010	**서장**
012	실패하지 않고 효율적으로 맛있는 샤르퀴트리를 만들기 위한 공식
018	한 장으로 오리고기 가르는 법
020	스터프 용도로 토끼고기 가르는 법
022	파이 반죽 2종 만드는 법
024	특수 재료를 다루는 법
025	도구

026 제 1 장
파테와 테린

030	파테 드 캄파뉴
034	양고기 돼지 껍질 테린
038	녹색 후추를 넣은 오리 테린
039	돼지간 바질 테린
040	바스크풍 테린
041	프로방스풍 양고기 테린
042	베르무트 풍미를 낸 버섯 무스 테린
043	크림치즈 닭고기 테린
044	닭 염통 테린
045	벗 모래주머니 테린
046	송아지 파테 앙 크루트
052	따뜻한 파테
056	크레피네트
058	흰 무화과를 넣은 돼지고기 파테 앙 크루트
059	돼지피를 넣은 에조사슴 테린

060	피파츠 풍미를 낸 미야코규 테린
061	참기름 테린
062	어간장 풍미를 낸 돼지 테린
063	토란 된장 테린
064	파테 드 캄파뉴 핫 샌드위치 파테 드 캄파뉴 사용
065	채소 파르시 파테 드 캄파뉴 사용

066　제 2 장

소시지와 살라미

070	돼지 소시지
076	앙두예트
082	부댕 블랑
088	부댕 누아
094	바질 소시지
095	메르게즈
096	토마토 고추 소시지
097	올리브를 넣은 유기농 소고기 소시지
098	닭 연골 소시지
099	호박 부댕 블랑
100	에조사슴 부댕 누아
101	코르니숑 소시지
102	모르타델라
108	살라미
112	고르곤졸라 치즈를 넣은 피스타치오 살라미
113	에조사슴 살라미

114 향초 빵가루를 뿌려 구운 앙두예트와 여름 채소 그라탱
　　　앙두예트 사용

115 부뎅 누아와 사과 타르트
　　　부뎅 누아 사용

116 건조 살구와 주키니를 곁들인 수제 소시지 타진
　　　소시지 3종 사용

117 프레굴라와 펜넬을 곁들여 끓인 토마토 고추 소시지
　　　토마토 고추 소시지 사용

118 **제 3 장**

리예트와 콩피

122 돼지 리예트
128 오리 리예트
130 오리 콩피
134 토끼 콩피
138 돼지 혀 콩피
140 닭 모래집 콩피

144 닭 모래집 콩피와 라타투이를 넣은 달걀 그라탱
　　　닭 모래집 콩피 사용

145 계절 채소 머스터드를 곁들인 토끼 콩피
　　　토끼 콩피 사용

146 **제 4 장**

햄

150 구운 햄
156 삶은 햄
160 콩피 햄
164 생햄

168	염장 소 혀
172	베이컨
176	훈제 간
180	비트 머스터드소스를 뿌린 무화과 호두 훈제 간 훈제 간 사용
181	민트 풍미를 낸 삶은 햄 퀴노아 채소 샐러드 삶은 햄 사용
182	토마토 허브 소스를 곁들인 생햄 화이트 아스파라거스 샐러드 생햄 사용
183	메이플 라임 소스를 뿌린 베이컨 구이와 강낭콩 미모사 샐러드 베이컨 사용

184 제 5 장
다양한 샤르퀴트리

188	푸아그라 테린
192	푸아그라 콩피
196	닭고기 푸아그라 테린
200	닭간 무스
204	프로마주 테트
210	오리 발로틴
216	토끼 로열

이 책의 사용 방법

- 이 책의 내용은 레스토랑 주방에서 만드는 것을 전제로 하며, 각각의 샤르퀴트리도 레스토랑의 일품 요리로 제공하기 위한 것이다. 'table ogino'에서는 판매하지만 이 책의 레시피를 수익 목적으로 판매하려는 경우 인가가 필요하다.
- 소금은 특별히 기재되지 않은 경우에는 정제 소금을 사용했고 설탕은 그래뉴당을 사용했다.
- 후추를 포함한 향신료는 특별히 기재되지 않은 경우에는 분말 제품을 사용했다.
- 카트르 에피스는 육두구, 정향, 생강, 계피를 섞은 향신료이다.
- 에르브 드 프로방스는 타임, 세이지, 로즈마리, 펜넬을 섞은 향신료이다.
- 버터는 무염버터를 사용했다.
- 올리브오일은 엑스트라 버진 올리브오일을 사용했다.
- 이 책에서 사용한 육류나 돼지 창자 등의 특수 재료는 모두 '가와시마식품'에서 구입할 수 있다.
- 고기의 분량은 지방이나 힘줄 등을 제거한 후의 정량 그램 수로 표시했다.
- 완성된 분량은 기준량으로 표시했다.
- 도구에 관해서는 P25를 참조하면 된다.
- 재료 사진은 주재료를 촬영한 것이다.

실패하지 않고 효율적으로
맛있는 샤르퀴트리를 만들기 위한 공식

매일 레스토랑에서 또는 작업장에서 샤르퀴트리를 만들며 깨달은 실패하지 않기 위한 '공식'과 문득 놓쳐버리기 쉽고, 사소하지만 알고 보면 중요한 '요령'. 지금까지 어떤 책에도 언급되지 않은 그 노하우들을 정리했다. 독자들이 작은 레스토랑에서 샤르퀴트리를 만들기 전에 꼭 읽어보길 바란다.

재료 파악

샤르퀴트리를 구성하는 기본 재료

■ **기본은 돼지다리살**

샤르퀴트리라고 하면 뭐니 뭐니 해도 돼지고기, 그 중에서도 가공품에 적합한 부위는 다리살이다. 지방과 살코기로 확연히 구분되어 있고 힘줄이 적기 때문에 버리는 부분이 별로 없다. 손질하는 수고가 비교적 들지 않으며 수분 함유량이 많고 고깃결이 가늘다는 장점도 있다. 그리고 가격이 안정적이고 저렴하다는 점도 큰 이유이다.

■ **햄에는 돼지목살**

본고장 프랑스에서는 햄이라고 하면 다리살 하나가 기본이지만 가축 수용소나 좌석 수의 관계로 큰 햄을 만들어 다 사용하기란 어렵다. 또 생햄을 만들 경우, 고온다습한 일본에서는 통째로는 부패할 위험이 높다. 그래서 한 덩어리가 약 2kg으로 다루기 쉽게 성형된 돼지목살은 소규모 레스토랑에 적합하다. 다리살에 비해 지방이 많고 숙성 기간이 짧은 햄에는 지방의 감칠맛이 맛있게 느껴지는 장점도 있다.

■ **위대한 등 지방**

돼지의 비계를 섞으면 퍼석퍼석함을 방지하고 감칠맛이 늘어나며 잘 뭉쳐진다. 비계가 많은 부위를 다지지 않고 다리살 살

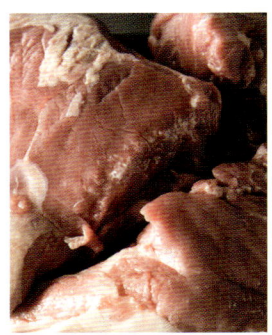
돼지다리살

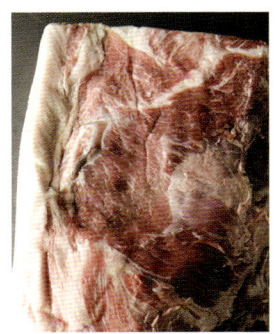
돼지목살

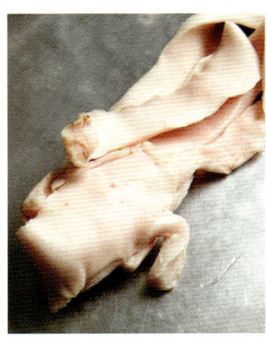
돼지 등 지방

닭간

고기에 등 지방을 넣어서 갈아 만드는 이유는 부위나 개체에 따른 제품의 완성도 차이를 최소화시키기 위해서이다. 등 지방은 덩어리로 구입하지만 고기를 손질할 때 나온 기름도 레시피의 등 지방으로 사용하기도 하고 라드 안에 넣어 녹여서 사용하기도 한다. 테린의 바깥쪽에 사용하는 시트 형태의 등 지방은 프랑스산 전용 시트를 구입했다. 테린 주위에 얇게 썬 등 지방이나 크레핀(돼지나 양, 소, 등의 내장을 감싸고 있는 지방)을 덮으면 공기를 차단하고 간의 헤모글로빈이 변색되는 것을 방지한다.

- **일본에서는 닭간**

프랑스에서는 파테 드 캄파뉴에 돼지간을 사용하는 것이 샤르퀴트리 규칙으로 정해져 있으며, 돼지고기 100%인 제품이어야 한다. 그러나 일본인은 간 냄새에 익숙하지 않아 그렇게 하기가 어렵다. 그래서 먹기 편하고 샤르퀴트리다운 형태나 맛을 유지하기 위해 닭간을 사용하기로 했다. 이 책에서도 꼭 돼지간을 써야 하는 경우를 제외하고는 거의 닭간을 사용했다.

적정량

이 책에서 소개한 분량은 소규모 레스토랑에서 만드는 것을 전제로 하여 재료 조달이나 작업 효율을 생각해서 가장 적당한 분량으로 산출했다. 이것도 많은 경우에는 단순히 등분해도 지장이 없다.

중요한 온도 관리

테린, 소시지의 성공 포인트 중 하나는 온도 관리에 있다. 돼지 지방은 11℃에서 녹기 시작하기 때문에 그 이하의 온도에서 작업할 수 있는 환경을 만들어야 한다. 손으로 반죽하는 경우나 믹서로 섞는 경우에는 체온이나 마찰열로 따뜻해지기 때문에 표면이 차가워지고 얼기 전까지 고기를 식힌 후 작업을 시작하면 된다.

황금비율

테린

테린의 기본 요소는 돼지다리살(살코기), 간, 등 지방, 조미료이다. 보편적인 비율은 없을까 하고 닥치는 대로 테린을 만들며 기록했고, 결국 실패 없이 맛을 보장할 수 있는 일정한 법칙을 찾아냈다. 바로 돼지다리살:(닭)간:등 지방=2:1:1로 섞는 것이다. 다리살을 다른 살코기로 대체하고 닭간을 돼지간으로 바꾸는 등의 방법은 자유자재이다. 공식을 지키면서 자기 나름대로의 방법으로 조합해도 된다.

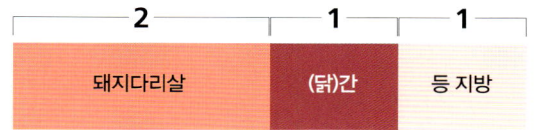

소시지

소시지의 황금비율은 돼지고기(살코기):등 지방:얼음=6:3:1이다. 소시지란 원래 균일하게 섞지 않은 고기(단백질)와 지방을 유화시켜 만드는 것이다. 그러려면 지방이 녹지 않는 저온에서 작업하며 적당한 수분을 보충해 주어야 하는데, 잘게 부순 얼음을 넣어 섞으면 한 번에 이 두 가지가 해결된다. 그러면 고기와 지방이 유화되어 수분이 많고 매끈매끈한 반죽으로 완성된다. 이 방법은 소시지를 성공시키기 위한 가장 중요한 포인트이지만 의외로 다른 책에는 소개되어 있지 않다. 이 책을 읽고 꼭 시도해 보았으면 좋겠다. 고기:지방:얼음의 비율만 지키면 고기의 종류나 향신료는 자유롭게 배합해도 된다. 가르니튀르도 마음대로 더해도 된다. 염분량은 얼음을 제외한 고기와 지방, 가르니튀르의 총량을 계산하고 다음 페이지에 나오는 '조미를 위한 소금' 항목을 참조하여 산출한다.

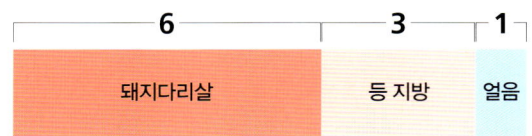

소금과 설탕

소금의 의미와 효과

처음 고기를 저장하기 위해 고안해 낸 샤르퀴트리의 지혜, 소금은 가장 중요한 요소 중 하나이다. 소금에는 '저장', '탈수', '조미'라는 세 가지 목적이 있는데, 그 의미들을 생각하며 사용하면 더 깊이 이해할 수 있다. 이 책에서 소금은 주로 정제염을 사용했다. 정제염은 입자가 곱고 침투 속도도 일정하며 염분 농도를 계산하기 쉽다는 장점이 있기 때문이다. 또 다른 종류인 암염도 사용했는데, 이것은 입자가 크고 침투하는 데 시간이 걸리기 때문에 2단계로 시간차를 두고 침투시킬 때 정제염과 함께 사용했다.

■ 저장을 위한 소금

고깃덩어리를 그대로 저장하기 위한 지혜로는 생햄(▶P164) 등에서 사용한 방법인 '더 이상 침투할 수 없는 한도까지 소금 흡수시키기'가 있다. 그 상태로 숙성시키면 균의 번식을 완전히 막을 수 있다. 그때 정제염과 암염을 섞어서 사용하는데, 위에서 언급한 대로 입자의 차이를 이용하여 천천히 2단계로 소금을 침투시키기 위해서이다.

■ 탈수를 위한 소금

소금의 탈수 효과를 이용하여 고기의 수분량을 어느 정도로 유지할까 하는 문제도 샤르퀴트리 제품의 완성도와 저장성을 크게 좌우한다. '하룻밤 소금에 절여 냉장고에서 숙성시키는' 공정은 삼투압으로 고기 안의 수분을 빼내고 그 대신에 소금을 깊숙이 침투시켜 밑간을 하기 위한 작업이다. 고기 안의 수분이 빠지지 않으면 고깃덩어리 안까지 소금이 들어가지 않는다. 예를 들어 베이컨은 수분을 어느 정도 빼지 않으면 표면이 마르지 않고 훈제향이 잘 나지 않으며 발색과 저장성이 떨어진다. 이렇게 샤르퀴트리를 만들 때는 수분량을 적절하게 조절하는 것이 중요하다.

■ 조미를 위한 소금

조미를 위한 소금도 빠질 수 없다. 미각에는 개인차가 있지만 일정한 법칙이 있다. 사람이 맛있다고 느끼는 적정한 염분량은 '차게 제공되는 요리는 총량의 1.9~2.4%, 따뜻하게 제공되는 요리라면 총량의 1.2~1.5%'이다. 기름기가 많으면 소금이 많이 필요하고 신맛이 있으면 염분을 적게 조절하는 등 미세한 차이가 있지만 일반적으로는 위와 같은 수치가 적용된다. 똑같은 파이 반죽으로 싸는 요리라도 차게 제공하는 파테 앙 크루트는 소금을 2% 정도 넣고, 따뜻한 파테는 1.5% 미만의 양이면 되는 셈이다. 한 접시씩 완성되는 요리와 달리 대량으로 만드는 샤르퀴트리에서는 이 계산이 꼭 필요하다.

설탕은 발색제

샤르퀴트리라고 하면 첨가물을 많이 사용하는 식품으로 생각하기 쉽다. 실제로 시판 햄이나 소시지의 식품 성분 표시를 보면 놀라울 정도로 첨가물이 많이 들어간다. 그 중에서도 생략하면 절대로 맛을 낼 수 없는 것이 발색제이다. 사실 설탕에는 고기의 색을 내는 힘이 있는데, 연한 분홍빛을 내려면 설탕으로 충분하다. 레스토랑에서 직접 제조하는 작업은 첨가물 없이 만드는 데 의미가 있다.

가열 방법과 온도의 중요성

■ 가열 온도와 심온(식품 중심부의 온도)

가열 온도도 중요하다. 단백질을 변성시키고 살균하려면 80℃로 가열해야 한다. 온도가 그 이상으로 올라가면 살균 효율은 높아지지만 단백질 조직이 바뀌어 버린다. 한번 변한 조성을 원래대로 되돌릴 수는 없다. 그래서 물로 가열하든 콩피 기름으로 가열하든 80℃를 유지하는 것이 중요하다. 한편 고깃덩어리나 테린틀에 들어 있는 것을 오븐에 구울 경우에는 심온이 68℃면 된다. 틀의 잔열로 익어서 결국 80℃ 전후가 된다.

■ 콩피 완성의 의미

콩피란 80℃ 정도의 저온 기름에서 천천히 가열하는 조리법을 말하며, 이 책에서는 소시지류를 가열할 때 많이 사용했다. 소시지는 80℃인 물에서 가열하면 2~3일밖에 가지 않지만 콩피로 만들면 일주일은 간다. 즉, 저장성이라는 의미에서 장점이 있다. 기름에서 가열하면 여분의 수분에 닿지 않고 가열할 수 있으며, 완성된 후에도 공기를 차단하여 쉽게 상하지 않기 때문이다.

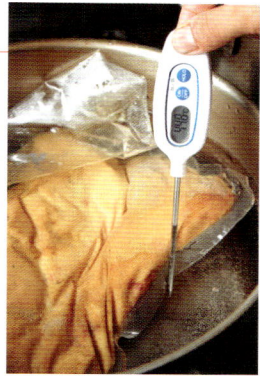 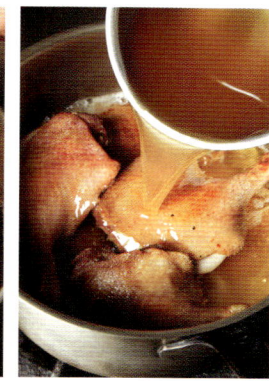

좌: 푸아그라를 중탕하여 가열할 때는 45℃ 전후를 엄수한다. 50℃가 넘으면 기름이 녹으니 주의한다.
우: 콩피로 완성한 예. 녹인 콩피 기름(등 지방이나 라드 등 콩피에 사용한 기름)을 부어 가열한다.

저장 기간과 저장 방법

샤르퀴트리는 기본적으로 상온에서 식힌 후 냉장고에서 충분히 식혀 제공한다. 2~3일 안에 다 사용하지 못하면 진공 팩에 싸서 냉장 보관하는 방법이 효율적이다. 테린은 한 달, 소시지는 열흘, 햄류는 2주를 기준으로 한다. 냉동은 조성이 바뀌어 버리기 때문에 추천하지 않는다. 단, 가열하기 전의 파르스(틀이나 창자 안에 채우는 고기 반죽)는 모두 냉동할 수 있다. 파르스를 한꺼번에 많이 만들어 소분하여 냉동하고 재고 상황이나 타이밍을 따져 적절하게 해동해서 사용하면 된다.

테린, 콩피, 소시지 등 바로 사용하지 않는 샤르퀴트리를 보관할 때는 진공 팩에 넣어두는 방법이 가장 효율적이다.

더 맛있게 만들려면?

사람들에게 샤르퀴트리를 더 맛있게 만들려면 어떻게 해야 하는지에 대한 질문을 자주 받는다. 이 책에서는 테린이나 소시지를 실패하지 않고 만드는 노하우는 물론 내가 매일 연구하고 실천하는 점들을 소개하였다.

리덕션

리덕션이란 테린, 파테류에 촉촉한 질감과 감칠맛을 더하기 위한 방법이다. 테린, 파테류의 기본 재료는 고기, 간, 등 지방인데 거기에 리덕션을 넣으면 맛이 순해진다. 넣는 양은 고기 총량의 5%에서 8%가 기준이다. 채소를 잘 볶아서 완전히 익힌 후 넣으면 보관 중에 발효될 걱정이 없다. 리덕션은 어떤 제품에도 넣을 수 있지만 다른 재료가 많이 들어가는 경우에는 특별히 넣을 필요는 없다. 육류만으로 심플하게 완성하는 경우에 맛을 보완하기 위해 넣는다고 생각하면 된다.

마리네이드

테린, 소시지, 콩피나 리예트는 재워서 밑간을 해두면 더 맛있어진다. 이때 향신료 배합과 양주의 사용법이 중요하다. 향신료는 여러 종류를 섞어 사용하면 상호 작용으로 더 맛있다. 평소 프랑스 요리에 사용하지 않는 조미료도 이것저것 사용해보면 좋다.

숙성

전 세계적으로 숙성 고기가 유행이지만 샤르퀴트리에서도 살코기를 숙성시키면 육류의 개성을 강화시킬 수 있다. 또 반죽했을 때 점성도 강해지고 식감에 탄력이 생기는 장점도 있다. 소고기, 사슴고기 등을 사흘 정도 냉장고에서 숙성시켜 사용하는 방법도 있고, 가을 이후에 기온이 낮아지면 냉장고에서 하룻밤 재운 후 상온에서 풍미를 내는 방법도 있다.

또 야생 동물은 날개 달린 상태로 한 달에서 두 달 간 숙성시키는 경우도 있다. 그럴 때는 살균도 할 겸 알코올 도수가 높은

리덕션 만드는 법

1 올리브오일 1큰술을 두르고 얇게 썬 양파 3개분, 파슬리 100g, 마늘 200g, 양송이버섯 200g을 볶는다.

2 전체적으로 흐물흐물해질 때까지 볶다가 우유 360㎖를 넣고 더 볶는다.

3 나무 주걱으로 섞었을 때 냄비 바닥이 보일 정도로 국물이 없어질 때까지 볶는다.

4 푸드 프로세서에 옮겨 퓌레 형태로 만든다. 식으면 소분해서 진공 팩에 넣어 냉동 보관한다.

(40% 이상) 증류주로 고기나 간을 재워두는 과정이 필수이다. 완성된 제품을 진공 상태로 한 달에서 두 달 동안 냉장고에서 숙성시키는 방법도 매우 효과적이다. 그때는 부패를 방지하기 위해 위생 관리를 철저히 해야 한다.

양주

양주의 사용 방법도 큰 포인트이다. 이 책에서 소개하는 닭간 무스(▶P200)처럼 세 가지 종류를 합쳐 사용하기도 한다. 고기를 갈기 전에 증류주에 재워두면 향도 좋고 맛도 더 깊어진다. 단, 알코올을 많이 넣으면 가열 중에 알코올분이 날아가지 않고 보관 중에 발효되어 버리기 때문에 완전히 끓이고 나서 넣어야 한다. 또 레드와인, 포트와인, 마데이라주 등을 양이 절반 정도가 될 때까지 바짝 조리고 이 책에 쓰인 술과 바꾸어 넣어도 된다. 풍미가 한층 깊어진다.

육수

테린에 육수를 넣는 방법도 효과적이다. 샤르퀴트리에서는 다양한 고기를 사용하기 때문에 가른 후에 남은 뼈로 국물을 내서 걸쭉한 시럽 상태로 조려두면 된다. 이것을 제품에 섞으면 재료를 남김없이 쓸 수 있고 깊은 맛을 표현할 수 있다. 하지만 번거로운 작업이기 때문에 각각의 뼈로 국물을 내는 대신 송아지 육수를 최대한 조린 글라스 드 비앙드를 조미료나 술과 같은 타이밍에 넣어도 된다. 어디에도 없는 훌륭한 맛의 테린을 만들 수 있다.

돼지피

부뎅 누아(▶P88)에는 당연히 사용하며 테린이나 소시지에 조미료 대신 피를 사용하는 방법도 맛있는 샤르퀴트리를 만드는 데 효과적이다. 야생 동물을 사용한 테린과는 궁합이 매우 좋고 더 깊은 맛을 표현할 수 있다.
피는 가열하면 굳어지는 성질이 있기 때문에 섞는 역할을 하는 달걀의 양을 줄이고, 줄인 양만큼 피를 넣으면 된다. 그러면 훨씬 더 감칠맛이 난다. 하지만 너무 많이 넣으면 색이 검게 되기 때문에 완성품을 떠올리며 사용해야 한다.

가르니튀르

가르니튀르란 원래 고명의 의미인데 여기에서는 반죽인 파르스에 넣는 재료라는 의미로 사용했다. 이 책에서도 다양한 가르니튀르를 소개하는데, 조합은 무궁무진하다. 공식을 지키면서 가르니튀르로 변화를 주면 독창적인 맛이 나는 것이 샤르퀴트리의 매력 중 하나이다.
가르니튀르가 될 수 있는 종류는 너트, 건조 과일, 버섯, 허브, 채소, 향신료, 치즈, 콩 등이다. 이때 가르니튀르만 먹을 수 있을 정도로 조리해 두는 점에 주의해야 한다.
샤르퀴트리는 가열한다고 해도 80℃ 정도로 유지되기 때문에 가르니튀르 자체를 익히지 않아도 된다. 하지만 그대로 먹을 수 없는 것은 미리 가열해 두어야 한다. 특히 채소류는 보관 중에 발효되는 경우가 많기 때문에 완전히 가열하여 살균한 후 넣는다. 건조 과일은 불리지 않으면 쓸 수 없는 것 외에는 그 상태 그대로 사용한다. 가열하는 동안 육즙을 흡수하여 딱 적당하게 불고 건조 과일 주위의 색이 변하는 것을 피할 수 있다.

푸아그라 사용

맛있는 제품을 만들 때 효과적인 수단으로 간과 등 지방의 분량을 줄이고 그만큼 푸아그라로 바꾸는 방법이 있다. 그때는 한 번 가열한 푸아그라의 테린이나 콩피를 사용하면 여분의 기름기가 빠지고 푸아그라의 풍미가 살아난다.

한 장으로 오리고기 가르는 법

가금류 한 마리를 통째로 가를 수 있으면 요리의 폭이 훨씬 넓어진다. 아래의 설명은 특수한 방법으로 바깥쪽 껍질을 감싸기 쉽게 한 장으로 만들고 고기는 파르스로 만든다. 이렇게 하면 발로틴(▶p211)을 만들 수 있다.

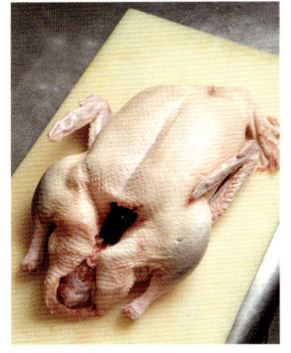

1 오리 한 마리를 준비한 상태. 내장은 전부 제거한다.

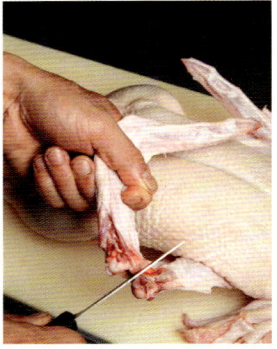

2 우선 날개를 분리한다. 껍질에서부터 칼집을 넣고 관절에서 잘라낸다.

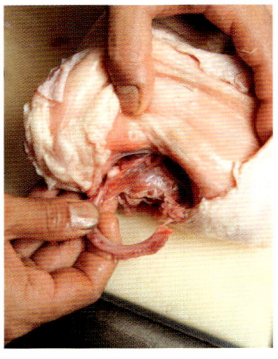

3 목 부분에 손가락을 넣고 고리 모양의 쇄골을 빼낸다.

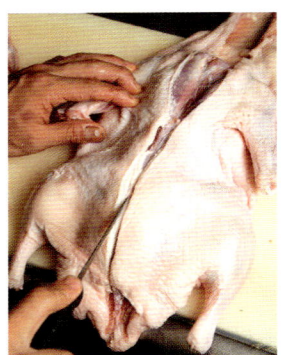

4 목에서부터 엉덩이까지 등껍질에 칼집을 넣고 절개한다.

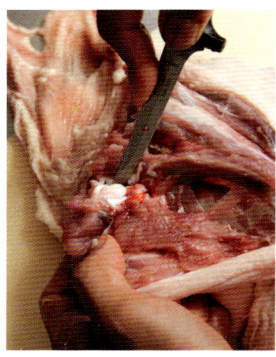

5 칼집을 넣은 껍질을 벌리고 등뼈의 양쪽 겨드랑이에 있는 어깨 관절을 분리해 둔다.

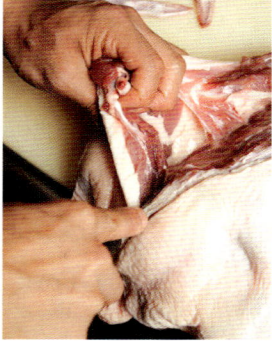

6 등뼈를 따라 칼집을 깊게 넣는다. 다리 관절을 분리한다.

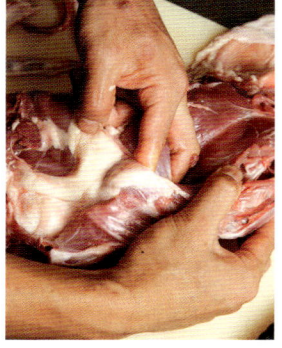

7 껍질이 찢어지지 않도록 안쪽에서부터 다리살을 분리한다.

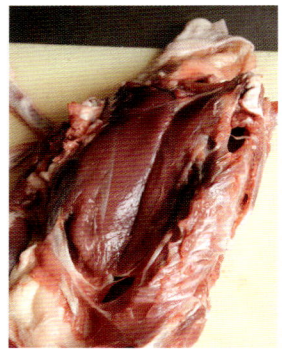

8 아래쪽에서 가슴살이 보이는 상태. 그 다음에는 안쪽의 부드러운 가슴살을 떼어낸다.

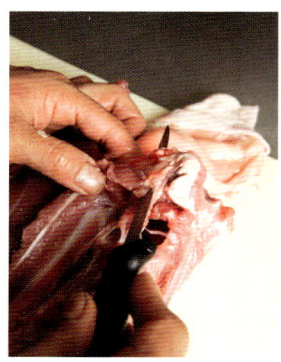

9 반대쪽도 마찬가지로 다리살, 가슴살, 부드러운 안쪽 가슴살을 떼어낸다.

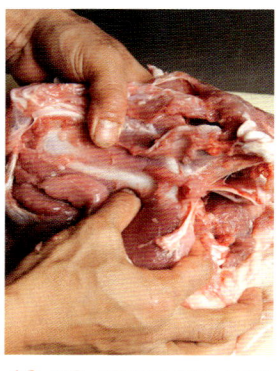

10 칼을 사용하지 않고 손가락으로 뼈를 문지르듯이 분리하는 것이 포인트이다.

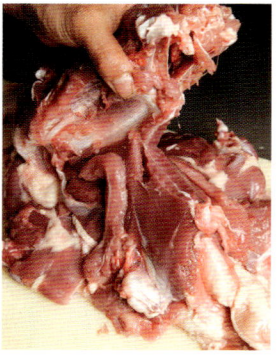

11 가슴살을 뼈에서 신중하게 발라낸다.

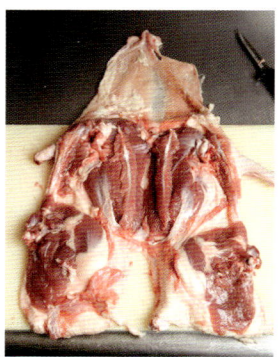

12 가슴살과 다리살이 붙은 상태로 껍질 한 장으로 펼친 모습.

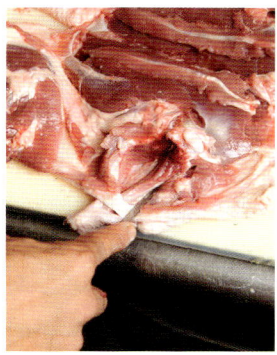 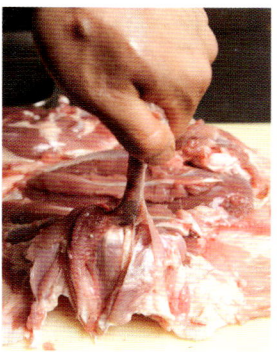 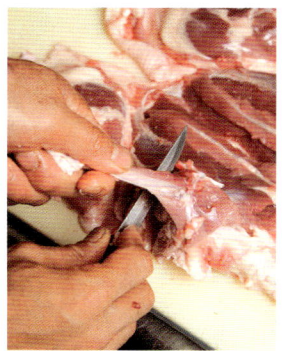 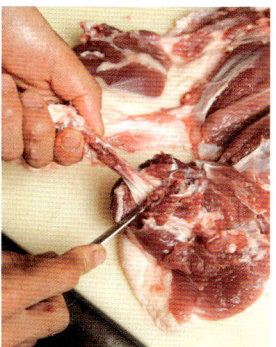

13 날개봉을 절개하고 뼈를 노출시킨다.
14 껍질이 손상되지 않도록 뼈를 발라낸다.
15 그대로 날개를 끌어올려 뼈를 분리한다.
16 다리살의 뼈를 떼어내듯 뽑아낸다.

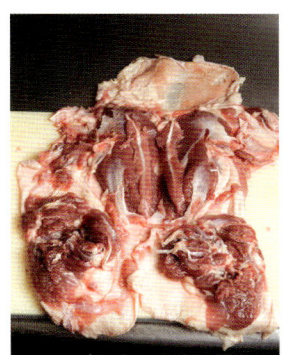 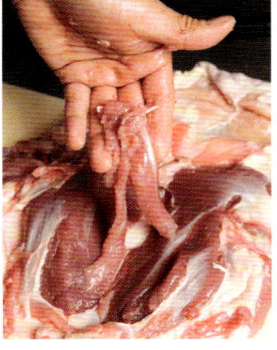 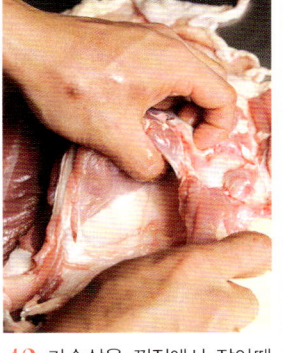 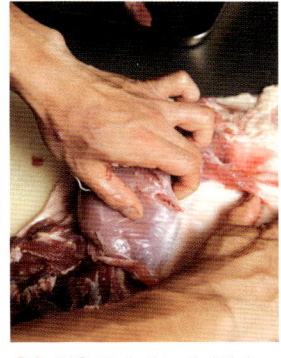

17 날개봉과 다리살의 뼈를 제거한 상태.
18 가슴살의 끝에 붙어 있는 부드러운 안쪽 가슴살을 떼어낸다.
19 가슴살을 껍질에서 잡아떼듯이 분리한다. 껍질이 찢어질 것 같으면 칼로 분리한다.
20 힘을 주어 계속 떼어낸다.

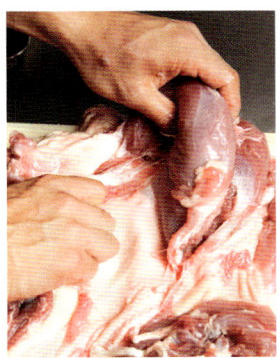 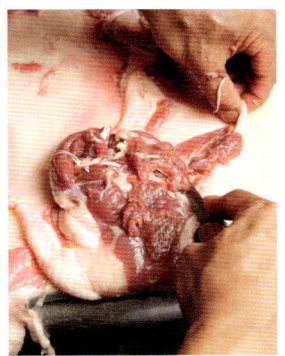 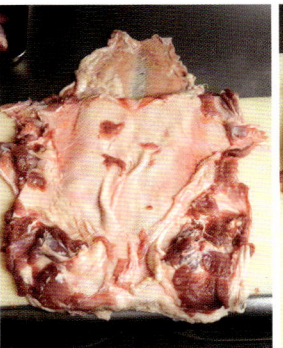

21 반대쪽도 마찬가지로 껍질에서 가슴살을 벗겨낸다.
22 가슴에 비해 작은 다리살은 껍질이 손상되지 않도록 보닝 나이프로 떼어내듯이 껍질에서 분리한다.
23 마지막으로 오리의 껍질 부분과 살코기 부분으로 분리한 상태. 가슴살, 부드러운 안쪽 가슴살, 다리살로 나누었다.

스터프 용도로 토끼고기 가르는 법

토끼는 몸통 부분은 뼈가 많고 고기가 적어 사용하기 어렵지만 이렇게 가르면 파르스를 채우는 껍질이 된다. 이 책에서 소개하는 가금류로서의 토끼(라팽)는 담백하고 육질이 닭고기 같다. 하지만 야생 토끼는 살코기의 맛이 특이하다.

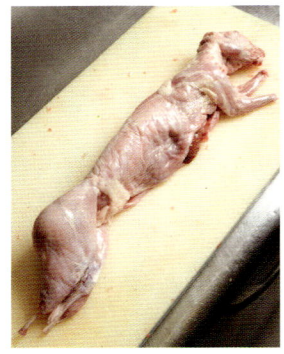

1. 토끼고기 한 마리를 준비한 상태. 내장이 있는 것으로 구입한다.

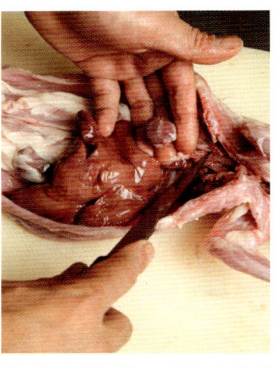

2. 횡격막을 열고 심장과 함께 내장을 전부 꺼낸다.

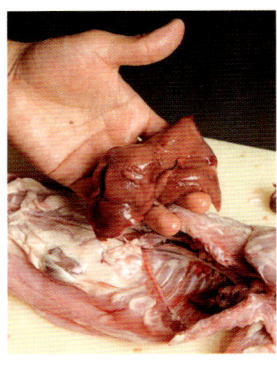

3. 간에는 염통이, 그 안쪽에 콩팥이 붙어 있다.

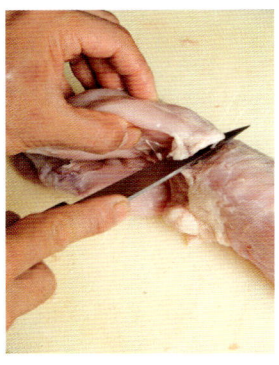

4. 다리 관절 위에 비스듬히 칼집을 넣는다.

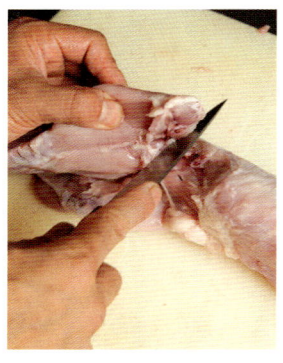

5. 그대로 뼈를 따라 칼을 넣고 다리를 분리한다.

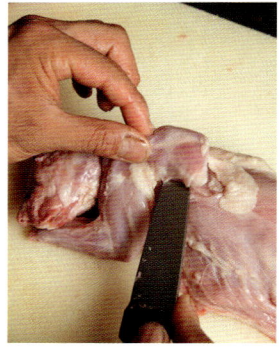

6. 견갑골 위에서부터 앞다리 위에 비스듬히 칼을 넣는다.

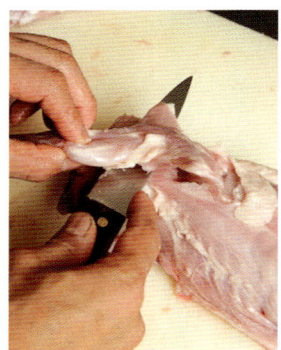

7. 앞다리를 그대로 분리한다.

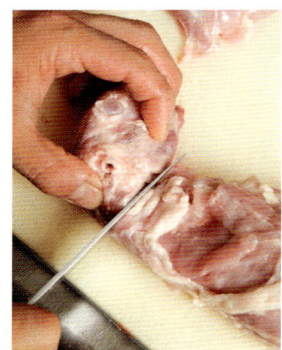

8. 목 주위에도 칼을 넣는다.

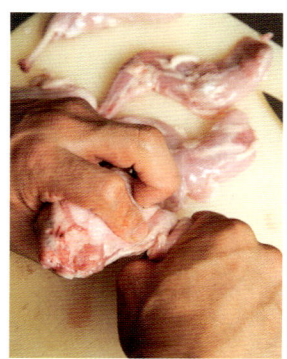

9. 머리를 당기듯이 그대로 뺀다. 토끼 뼈는 약해서 부서지기 쉬우니 자르지 말고 손으로 떼어낸다.

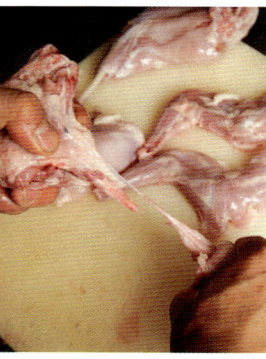

10. 살코기는 옆으로 비켜놓고 등뼈를 따라 칼을 넣는다.

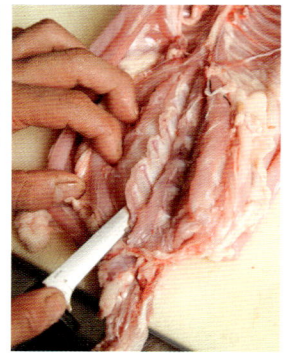

11. 등뼈를 따라 칼을 더 집어넣고 등뼈를 벗겨낸다. 등뼈 위에 붙은 등심살을 손으로 떼어낸다.

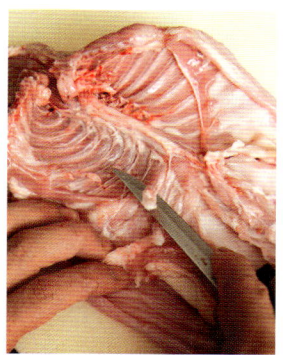
12 껍질에 달라붙은 갈비뼈도 하나하나 분리한다.

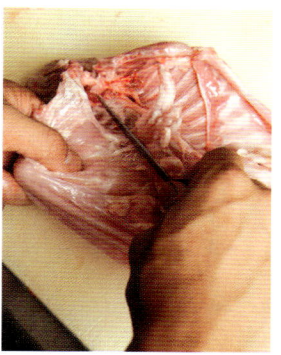
13 등뼈에 붙은 상태로 갈비뼈를 분리한다.

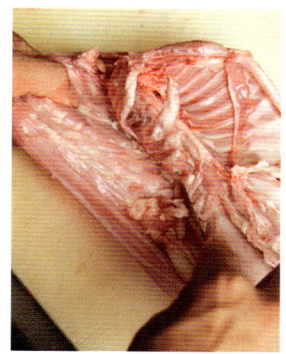
14 고기에서 갈비뼈를 조금씩 분리한다.

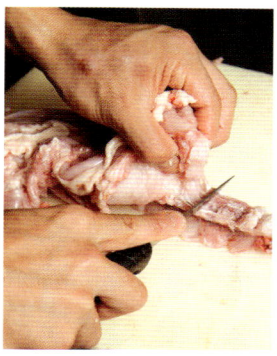
15 뒤집어서 등뼈를 도마에 붙이고 등뼈를 분리한다.

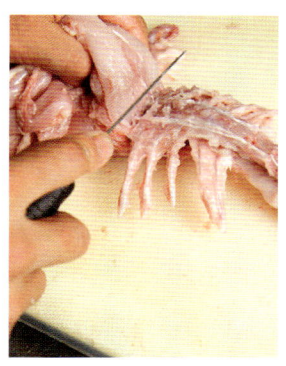
16 그대로 등뼈를 따라 칼을 넣고 머리를 향해 등뼈를 벗겨나간다.

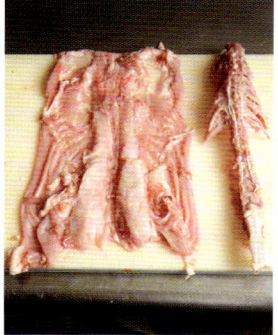
17 왼손으로 잡아당겨 벗겨낸 껍질을 펼치고 분리한 등뼈를 늘어놓은 상태.

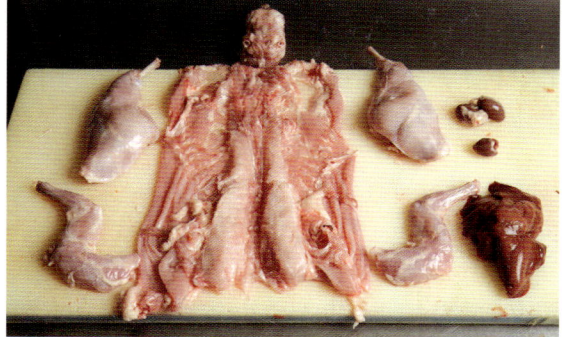
18 토끼를 가른 최종 모습. 한 장으로 펼친 껍질과 아래 앞쪽에 있는 것이 앞다리, 위쪽이 뒷다리(다리살), 그 옆에 간, 콩팥과 각각의 부위를 늘어놓았다.

파이 반죽 2종 만드는 법

파테 앙 크루트 등 차가운 샤르퀴트리에 사용할 경우에는 타르트 반죽인 파트 브리제가 좋다. 따뜻한 파테처럼 따뜻하게 제공하는 요리에는 푀이타주(접어서 쌓아올린 파이 반죽)를 사용한다.

파트 브리제(980g분)

1 박력분 500g은 냉장고에서 충분히 차갑게 하고 푸드 프로세서에 넣는다.

2 소금 4g을 넣는다.

3 냉장고에서 차게 한 버터 300g을 네모나게 잘라 넣는다.

4 푸드 프로세서를 몇 차례 돌려 가루를 보슬보슬한 알갱이 상태로 만든다.

5 뚜껑을 덮고 달걀 3개를 조금씩 넣으면서 계속 섞는다.

6 가루와 달걀이 완전히 뒤섞이기 전에 부슬부슬한 상태에서 멈춘다.

7 테이블 위에 꺼낸다.

8 한 덩어리로 만들어 랩으로 싸고 30분 이상 냉장고에 둔다. 필요한 양을 3mm 두께로 펼친다. 나머지는 냉동 보관한다.

푀이타주 라피드(1.2kg분)

1 냉장고에서 충분히 차갑게 한 강력분, 박력분 각각 250g과 소금 10g을 푸드 프로세서에 넣는다.

2 뚜껑을 덮고 냉수 200~250㎖를 넣어 가볍게 몇 차례 섞는다.

3 냉장고에서 충분히 차갑게 한 버터 450g을 네모나게 잘라 넣는다.

4 버터 알갱이가 남을 정도로 섞은 후 멈춘다.

푀이타주(접어서 쌓아올린 파이 반죽)는 원래 전날 구입해서 버터를 섞는 작업까지 이틀 이상 걸리는데, 푀이타주 라피드라면 가장 빠르게는 3시간 만에 완성할 수 있다. 바쁜 레스토랑에서는 시간을 단축해 주는 작업이면 두 팔 벌려 환영이다.

5 덧가루를 뿌린 테이블 위에 꺼낸다.

6 손으로 한 덩어리로 만들어 랩으로 싸고 냉장고에서 30분 휴지시킨다.

7 덧가루를 뿌린 테이블 위에 꺼내어 밀대로 두드리고 차가운 상태에서 부드럽게 만들어 사방을 약 20cm로 펼친다.

8 밀대에 덧가루를 뿌린 다음 20cm×40cm 정도로 펼친다.

9 반죽을 앞쪽에서부터 3등분하여 접고 랩으로 덮어 냉장고에서 30분 휴지시킨다.

10 덧가루를 뿌린 테이블 위에 꺼내어 90도 방향으로 돌려 밀대로 펼친다.

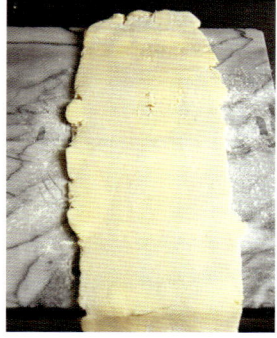

11 약 20cm×60cm 정도의 직사각형으로 펼친다.

12 반죽을 앞쪽에서부터 3등분하여 접고 랩으로 덮어 냉장고에서 30분 휴지시킨다.

13 덧가루를 뿌린 테이블 위에 꺼내어 똑같이 90도 방향으로 돌려 30cm×60cm 정도가 되게 밀대로 펼친다.

14 반죽을 앞쪽에서부터 3등분하여 접는다. 13~14의 공정을 3회 더 반복한다.

15 전체를 밀대로 두드리면 푀이타주 라피드가 완성된다. 4등분하여 랩으로 싸서 냉동 보관한다.

특수 재료를 다루는 법

돼지 창자나 크레핀 등 돼지의 내장류를 남김없이 사용하여 완성된 샤르퀴트리 기법. 다양한 제품을 만들 때 필수인 돼지 창자와 크레핀의 손질, 라드와 콩피 기름의 사용법을 설명하겠다.

돼지 창자

1 돼지 창자는 소금에 절여 막대에 감은 상태로 판다.

2 돼지 창자를 푼 상태. 창자를 채우는 용도로는 양 창자도 있는데 더 가늘고 길다.

3 돼지 창자는 물에서 15분 불린다. 돼지 창자의 끝을 수도 꼭지에 끼운다.

4 그대로 물을 흘려 부풀리고 깨끗하게 씻는다.

크레핀

1 크레핀이란 돼지 내장을 덮은 망 형태의 막을 말한다. 굳은 상태로 판다.

2 식초물에 불린다. 몇 차례 물을 갈면서 핏물을 뺀다. 식초에는 표백 작용이 있어서 새하얗게 된다.

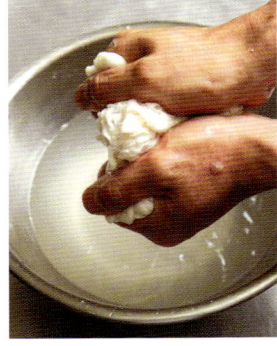
3 손으로 싹싹 비비듯 씻으며 불순물을 제거한다.

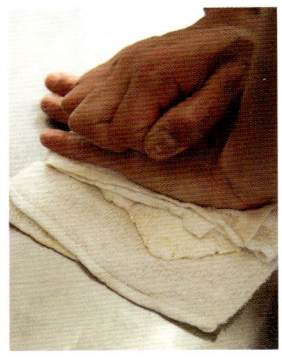
4 행주 위에 올리고 힘주어 누르면서 물기를 뺀다.

라드와 콩피 기름

1 돼지 리예트(▶p122)를 만들 때 처음에는 시판 라드를 사용한다.

2 리예트를 끓인 후에 남은 기름은 일단 끓여서 불순물을 제거한다.

3 보관 캔에 옮긴 후 식혀서 굳힌다. 식혔을 때 너무 딱딱한 경우에는 샐러드유를 섞으면 된다.

4 리예트에 섞지 않고 남은 기름을 용기에 담고 필요할 때 사용하면 감칠맛이 난다.

도구

공간이 한정된 레스토랑에서도 이 도구들만 있으면, 이 책에서 소개한 샤르퀴트리는 전부 만들 수 있다. 꼭 필요한 도구를 최소한으로 소개한다.

칼과 나이프
왼쪽에서부터 뼈를 절단하기 위한 큰 우도. 날의 이가 빠졌지만 뼈를 치는 전용으로 사용하기 때문에 괜찮다. 두 번째 정육칼은 고깃덩어리를 가를 때 사용하며 칼날이 길다. 세 번째 칼은 뼈에 붙은 고기를 분리하거나 고깃덩어리를 썰 때 필요하다. 손잡이를 잡고 날 끝을 꽂아 가른다. 오른쪽 끝의 보닝 나이프는 고기를 가를 때 뼈 주위의 자잘한 고기를 벗겨내는 예리한 전용 나이프이다. 오리나 토끼를 가를 때 꼭 필요하다.

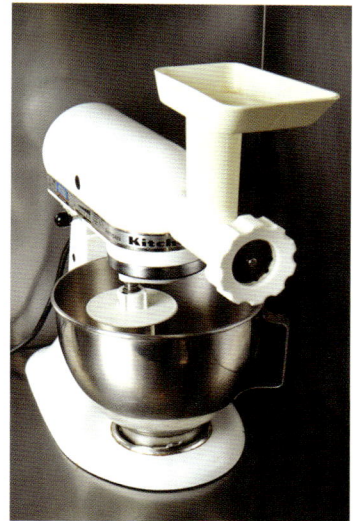

미트 민서(키친에이드)
레스토랑 주방이라는 한정된 공간에서 샤르퀴트리를 만들 때 최적인 도구가 이 '키친에이드'이다. 제과용 믹싱 기계로 알려진 미국 제품이지만 고기를 저미는 날을 끼우면 미트 민서로 기능한다. 이 책에서 샤르퀴트리 고기를 가는 모든 작업에 사용했다. 민서 칼날은 3mm, 6mm로 두 종류인데 이 책에서는 3mm짜리를 사용했다.

좌: 믹서로 사용할 때의 장치 '도우 훅'. 파르스의 양이 적은 경우에는 온도가 올라가지 않도록 믹서 사용을 권장한다.
우: 민서 칼날. 사진은 3mm짜리.

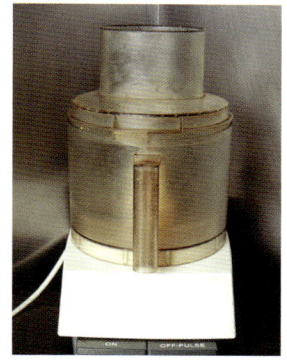

푸드 프로세서
저민 고기를 더 부드러운 퓌레 상태로 만들거나 리덕션 등에 사용한다.

  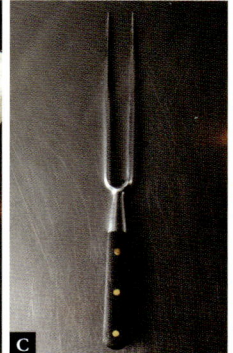  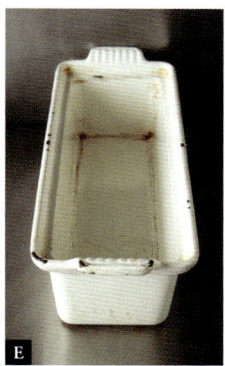

[A] 온도계
냄비 안의 물이나 기름의 온도를 재기도 하고, 고기나 파르스에 직접 꽂아 심온을 잴 때 사용한다.

[B] 짤주머니와 소시지용 깍지
짤주머니는 열탕 소독할 수 있는 내구성 있는 제품을 사용한다. 깍지는 창자 사이즈에 맞는 것을 준비한다. 사진은 돼지 창자용이다. 양 창자용도 있다.

[C] 고기 요리용 포크
냄비에서 고기를 꺼내거나 구울 때 사용하는 날카로운 포크이다. 고기 전체에 구멍을 뚫어 소금에 절일 때 편리하다.

[D] 인공 케이싱
특수한 섬유로 만들어진 인공 케이싱. 살라미나 모르타델라에 사용한다. 사진은 지름 7.5cm이며, 물에 담가 부드럽게 만들어 사용한다.

[E] 테린틀
주물 법랑제 테린틀이 내구성이 뛰어나고 사용하기 편하다. 일반적으로 28cm라고 하면 바깥 지름이 28cm×8cm×11cm인 것을 말한다.

제 1 장

파테와 테린

샤르퀴트리의 대표이자 프랑스 요리의 상징이라고 하면 사람들은 무엇을 떠올릴까? 아마도 사다리꼴 단면이 다양하게 연출되는 파테나 테린이 아닐까? 테린이란 원래 뚜껑 달린 도자기 용기를 말하며, 고기나 등 지방, 간 등을 갈아서 섞고 이 틀에 채워 구운 것을 가리켰다. 또 파테의 어원은 프랑스어의 파트pâte=파이 반죽에 감싼 것인데, 지금은 테린이나 파테의 정의에 엄밀한 차이는 없다. 하지만 이 책에서는 테린틀에 넣어 구운 것은 테린, 타원형틀에서 구운 캄파뉴나 파이 반죽에 감싼 것은 파테라고 구별했다.

이들은 육류를 남김없이 사용하고 저장하기 위해 선인들이 만들어낸 지혜의 결정체이며 그대로 프랑스 식문화의 상징이 되었다. 정말 훌륭한 조리법이다. 고기를 갈아 크레핀이나 등 지방으로 감싸서 공기를 차단하고 테린틀에 넣어 굽는다. 어떤 부위도 맛있게 먹을 수 있는 데다가 틀에 넣은 상태 또는 진공으로 공기에 닿지 않게 보관하면 냉장고에서 한두 달은 저장할 수 있으니 굉장하지 않은가?

나는 파테와 테린에 매력을 느낀 지도 십 년이 넘었다. 원서를 보며 다양한 레시피를 시도했고 마침내 황금비율이라고 할 수 있는 실패 없는 배합을 찾아냈다. 그 비율만 정확히 지키면 고기 종류나 향신료를 다양하게 조합할 수 있다. 게다가 기존에는 넣지 않았던 된장이나 어간장 같은 일본식 조미료부터 마 등의 재료까지 섞을 수 있다는 사실도 알게 되었다.

이 책에서는 고전적인 레시피부터 독창적인 제품까지 자신 있게 추천할 수 있는 요리들을 소개한다.

파테 드 캄파뉴
Pâté de campagne

개업 이후, OGINO라고 하면 누구나 떠올리는 간판 메뉴를 만들고 싶었다. 우연히 프랑스 리옹에서 먹은 샤르퀴트리의 파테가 너무나도 맛있어서 그 맛을 토대로 다양하게 배합하여 이 비율을 만들어냈다.

프랑스에서 파테 드 캄파뉴라고 하면 돼지고기 100%, 돼지간 100%를 사용하는 것이 원칙이지만 일본인에게는 돼지간 냄새가 너무 강하게 느껴져 거부감이 든다. 그래서 닭간을 사용하고 리덕션으로 감칠맛을 보완하는 방법을 생각해냈다. 타원형 내열용기에 구워, 틀 그대로 꺼내는 즐거움도 연출 중 하나이다.

재료 (28cm 테린틀 3개분 또는 지름 30cm인 타원형 내열용기 2개분)

돼지다리살 — 1.3kg
닭간 — 1.1kg
돼지 등 지방 — 700g
리덕션(▶p16) — 200g

조미료
└ 소금 — 60g
└ 흰 후추 — 7g
└ 육두구 — 2g
└ 카트르 에피스 — 1g

레드와인 — 70㎖
달걀 — 3~4개
크레핀 — 적당량
월계수잎 — 18장

1 돼지다리살과 닭간은 5cm로, 돼지 등 지방은 3cm로 네모나게 썰고 전부 기계에 간다. 고기는 충분히 차갑게 해둔다.

2 넓은 볼에 옮기고 조미료(소금, 흰 후추, 육두구, 카트르 에피스)를 넣는다. 믹서의 부속 볼에 들어가는 양이면 믹서를 이용하여 섞으면 된다. 손으로 섞는 것보다 온도가 올라가지 않는다.

3 레드와인을 넣는다. 레드와인은 맛이 드라이하고 색이 진한 것이 좋다.

4 달걀을 넣는다.

5 리덕션을 넣는다. 리덕션은 감칠맛을 보강하고 촉촉한 질감을 유지하기 위한 것이다. 완전히 익힌 채소를 넣기 때문에 잘 상하지 않는다는 장점도 있다.

6 전체적으로 끈기가 생길 때까지 빠르고 강하게 섞는다.

7 반죽이 잘 섞여서 끈적끈적해지면 된다.

8 반죽을 내열용기에 옮긴다. 손으로 떠서 던지듯이 세게 치면 반죽 안의 공기가 효율적으로 빠진다.

9 내열용기가 꽉 찰 정도로 채운 후, 씻어서 물기를 뺀 크레핀을 펼쳐 덮는다. 한 장으로 부족하면 한 장을 더 겹쳐 전체적으로 틈새 없이 덮는다. 끝부분은 안으로 접어 넣는다.

10 월계수잎을 균일하게 뿌린다.

11 따뜻한 물이 담긴 오븐용 팬에 천을 깐다. 알루미늄 호일을 덮은 10을 놓고 220℃의 가스 오븐에서 1시간~1시간 20분 굽는다. 천을 까는 이유는 뭉근히 가열하기 위해서이다. 컨벡션 오븐은 필요 없다. 중간에 물이 마르지 않도록 적당하게 물을 보충한다.

12 중심부에 꼬챙이를 꽂고 입술에 대서 뜨겁다고 느낄 정도면 된다. 온도계가 있으면 심온이 68℃면 된다. 상온에서 식히고 냉장고에 보관한다.

※ 컨벡션 오븐인 경우, 습도 50%, 103℃로 설정하고 심온이 68℃가 될 때까지 가열한다.

양고기 돼지 껍질 테린
Terrine d'agneau à la peau de porc

테린틀에서 구우면 이런 모양이 된다. 단면의 모습이 다양한 점이 테린의 매력 중 하나이다. 그것은 맛과 식감이 다채롭다는 뜻이기도 하다. 개성 강한 테린을 원한다면 양고기를 베이스로 하는 것도 한 가지 방법이다.

돼지 껍질의 탄력적인 식감을 포인트로 삼아 개성과 밸런스를 맞추었다. 아니스 파우더 등 개성 있는 향신료를 사용한 점도 그 일환이다.

재료 (28cm 테린틀 4개분)

돼지 껍질 — 500g
양다리살 — 1.5kg
돼지다리살 — 750g
돼지 등 지방 — 500g
닭간 — 750g

조미료
    소금 — 78g
    흰 후추 — 15g
    갈릭 파우더 — 2g
    피망 데스플레트 — 3g
    아니스 — 3g

달걀 — 3개
크레핀 — 적당량
검은 통후추 — 적당량

1 돼지 껍질은 2cm로 네모나게 썬다. 물을 충분히 넣고 끓여 불필요한 기름기를 제거한다.

2 끓으면 체로 건진다.

3 양다리살, 돼지다리살은 5cm로, 돼지 등 지방은 3cm로 모두 네모나게 썬다. 닭간은 반으로 썬다. 2와 합쳐 전부 기계에 간다.

4 3을 넓은 볼에 옮기고 조미료(소금, 흰 후추, 갈릭 파우더, 피망 데스플레트, 아니스)와 달걀을 넣는다.

5 끈기가 생길 때까지 빠르고 강하게 섞는다. 끈적끈적해지면 된다.

6 씻어서 물기를 뺀 크레핀을 테린틀에 깐다.

7 5를 틀에 채운다. 손으로 떠서 힘주어 던지듯이 치고 여분의 공기를 빼면서 꽉 채운다.

8 양쪽에서 크레핀을 덮고 가장자리를 접어 넣는다. 윗면을 손으로 꼭꼭 누른다.

9 향이 나도록 위에 검은 통후추를 뿌린다. 월계수잎을 뿌려도 된다.

10 따뜻한 물이 담긴 오븐용 팬에 천을 깐다. 그 위에 알루미늄 호일을 덮은 9를 놓고 220℃의 오븐에서 1시간 20분 굽는다. 중간에 적당하게 물을 보충한다. 중심부에 온도계를 꽂았을 때 68℃면 된다. 상온에서 식히고 냉장고에 보관한다.

녹색 후추를 넣은 오리 테린
Terrine de canard au poivre vert

오리 고기와 식초에 절인 녹색 후추.
이것도 프랑스 식문화가 낳은 위대한 조합이다.
여기에서는 일반 오리를 사용했는데 야생 오리로 만들면 맛이 더 강해진다.

재료 (28cm 테린틀 3대분)

- 돼지다리살 — 1kg
- 닭가슴살 — 700g
- 돼지 등 지방 — 200g
- 닭간 — 700g

가르니튀르
- 오리가슴살(비계를 제거한 살코기 부분) — 700g
- 소금 — 8g
- 흰 후추 — 4g
- 브랜디 — 적당량

조미료
- 소금 — 59g
- 흰 후추 — 13g
- 녹색 후추 — 75g(고형)

- 달걀 — 3개
- 레드와인 — 100㎖
- 크레핀 — 적당량

만드는 법

1. 오리가슴살은 2cm로 네모나게 썰고 소금, 흰 후추, 브랜디로 재운다.

2. 돼지다리살, 닭가슴살은 5cm로, 돼지 등 지방은 3cm로 모두 네모나게 썬다. 닭간은 반으로 썬다. 전부 기계에 간다.

3. 2를 넓은 볼에 옮기고 조미료, 달걀, 레드와인을 넣어 전체적으로 끈적끈적해질 때까지 섞는다. 1을 넣고 더 섞는다.

4. 크레핀을 깐 테린틀에 3을 꽉 채우고 양쪽의 크레핀을 덮는다.

5. 따뜻한 물이 담긴 오븐용 팬에 천을 깔고 알루미늄 호일을 덮은 4를 얹어 220℃의 오븐에서 1시간 20분 굽는다. 중간에 적당하게 물을 보충한다.

6. 중심부에 온도계를 꽂았을 때 68℃면 된다. 상온에서 식히고 냉장고에 보관한다.

돼지간 바질 테린
Terrine de foie de porc au basilic

개성 강한 돼지간을 사용하고,
청량감과 에스닉한 분위기를 자아내는 바질의 향미를 살려
단조롭기 쉬운 맛에 변화를 주었다.

재료 (28cm 테린틀 4대분)

- 돼지다리살 — 2.8kg
- 돼지간 — 500g
- 돼지 등 지방 — 750g
- 마늘 — 2쪽

조미료
- 소금 — 60g
- 흰 후추 — 5g
- 카트르 에피스 — 3g
- 고수 — 2g
- 홀오레가노(건조) — 2g
- 바질 플레이크(건조) — 6g

- 레드와인 — 80㎖
- 달걀 — 4개
- 크레핀 — 적당량

만드는 법

1. 돼지다리살, 돼지간은 5cm로, 돼지 등 지방은 3cm로 모두 네모나게 썬다. 마늘도 넣어 전부 기계에 간다.

2. 1을 넓은 볼에 옮기고 조미료, 레드와인, 달걀을 넣어 전체적으로 끈적끈적해질 때까지 섞는다.

3. 크레핀을 깐 테린틀에 2를 꽉 채우고 양쪽의 크레핀을 덮은 후 알루미늄 호일로 덮는다.

4. 따뜻한 물이 담긴 오븐용 팬에 천을 깔고 3을 얹어 220℃의 오븐에서 1시간 20분 굽는다. 중간에 적당하게 물을 보충한다.

5. 중심부에 온도계를 꽂았을 때 68℃면 된다. 상온에서 식히고 냉장고에 보관한다.

바스크풍 테린
Terrine basque

바스크풍이란 파프리카 맛을 살린 요리를 말한다.
돼지 귀와 혀 등 돼지를 모조리 다 사용하는 것도 돼지 왕국인 바스크 특유의 요리이다.
식감과 풍미를 충분히 즐길 수 있다.

재료 (28cm 테린틀 6대분)

돼지다리살 — 4kg
닭간 — 800g
돼지 등 지방 — 800g

가르니튀르
  돼지 혀 — 5개
  돼지 귀 — 5개
  파슬리 줄기 — 적당량
  마늘 — 5~6쪽

조미료
  파프리카 — 100g
  카이엔 페퍼 — 5g
  소금 — 121g

레드와인 — 150㎖
달걀 — 8개
리덕션(▶p16) — 600g
크레핀 — 적당량

만드는 법

1. 가르니튀르를 준비한다. 돼지 혀와 돼지 귀를 파슬리, 마늘과 함께 깊은 냄비에 넣고 물을 충분히 담아 1시간 정도 삶은 후 건진다. 식으면 2cm로 네모나게 썬다.

2. 돼지다리살은 5cm로, 돼지 등 지방은 3cm로 모두 네모나게 썬다. 닭간은 반으로 썬다. 전부 기계에 간다.

3. 2를 넓은 볼에 옮기고 조미료, 레드와인, 달걀, 리덕션을 넣어 전체적으로 끈적끈적해질 때까지 섞는다. 1을 넣고 더 섞는다.

4. 크레핀을 깐 테린틀에 3을 꽉 채우고 양쪽에서 크레핀을 덮는다.

5. 따뜻한 물이 담긴 오븐용 팬에 천을 깔고 알루미늄 호일을 덮은 4를 얹어 220℃의 오븐에서 1시간 20분 굽는다. 중간에 적당하게 물을 보충한다.

6. 중심부에 온도계를 꽂았을 때 68℃면 된다. 상온에서 식히고 냉장고에 보관한다.

프로방스풍 양고기 테린
Terrine d'agneau à la provençale

새끼 양을 베이스 반죽에 넣고, 건조 토마토나 그린 올리브 등
햇빛을 듬뿍 받은 남프랑스만의 재료를 넣어 개성과 풍미를 더한 요리이다.
그린 올리브의 염분과 건조 토마토의 신맛을 염두에 두고 조미용 소금의 양을 줄인다.

재료 (28cm 테린틀 4대분)

- 양다리살 — 2kg
- 돼지다리살, 돼지간 — 각각 1kg
- 돼지 등 지방 — 1.2kg
- 마늘 — 6쪽
- 건조 토마토 — 125g
- 그린 올리브 — 150g

조미료
- 소금 — 62g
- 흰 후추 — 15g
- 오레가노, 바질 — 각각 2g
- 파프리카 — 3g
- 에르브 드 프로방스 — 1g

- 레드와인 — 125㎖
- 달걀 — 6개
- 리덕션 (▶p16) — 150g
- 크레핀 — 적당량

만드는 법

1. 양다리살, 돼지다리살, 돼지간은 5cm로, 돼지 등 지방은 3cm로 네모나게 썬다.
2. 1과 마늘, 건조 토마토, 그린 올리브를 기계에 간다.
3. 2를 넓은 볼에 옮기고 조미료와 레드와인, 달걀, 리덕션을 넣는다. 전체적으로 끈적끈적해질 때까지 섞는다.
4. 크레핀을 깐 테린틀에 3을 꽉 채우고 양쪽에서 크레핀을 덮는다.
5. 따뜻한 물이 담긴 오븐용 팬에 천을 깔고 알루미늄 호일을 덮은 4를 얹어 220℃의 오븐에서 1시간 20분 굽는다. 중간에 적당하게 물을 보충한다.
6. 중심부에 온도계를 꽂았을 때 68℃면 된다. 상온에서 식히고 냉장고에 보관한다.

베르무트 풍미를 낸 버섯 무스 테린
Mousse de champignons en terrine aromatisée au vermouth

버터에 볶은 버섯에 베르무트(화이트와인에 허브나 향료를 넣은 리큐어)를 넣고 조려 감칠맛을 듬뿍 머금게 한 후 파르스에 넣는다.
입 안에 깊은 맛이 확 퍼지면서 완성도 높은 일품요리가 된다.

재료 (28cm 테린틀 5대분)

- 돼지다리살, 닭가슴살 — 각각 2kg
- 돼지 등 지방 — 600g
- 가르니튀르
  - 건조 포르치니 — 50g
  - 표고버섯 — 50g
  - 양송이버섯 — 100g
  - 느타리버섯 — 100g
  - 다진 양파 — 1개분
  - 다진 마늘 — 2쪽분
  - 버터 — 적당량
  - 베르무트 — 적당량
  - 다진 파슬리 — 100g
- 조미료
  - 소금 — 95g
  - 흰 후추 — 8g
  - 카트르 에피스 — 4g
- 달걀흰자 — 420g
- 생크림 — 420㎖

만드는 법

1. 가르니튀르를 준비한다. 우선 건조 포르치니를 물에 불린 후, 그 불린 물에 푹 끓인다.
2. 표고버섯, 양송이버섯, 느타리버섯은 각각 밑동을 제거하고 얇게 썬다. 냄비에 버터를 녹이고 양파, 마늘과 함께 흐물흐물해질 때까지 볶는다.
3. 2에 1의 포르치니를 넣고 베르무트를 찰랑찰랑할 때까지 넣는다. 약불에서 수분이 없어질 때까지 조리고 파슬리를 넣어 완전히 식힌다.
4. 돼지다리살, 닭가슴살은 5cm로, 돼지 등 지방은 3cm로 모두 네모나게 썰어 전부 기계에 간다.
5. 4를 넓은 볼에 옮기고 조미료를 넣어 끈적끈적해질 때까지 섞는다.
6. 5를 1/3씩 푸드 프로세서에 옮긴다. 달걀흰자와 생크림도 3등분하여 순서대로 넣고 무스 형태로 섞는다.
7. 6을 5의 볼에 다시 넣고 3을 넣어 섞는다.
8. 테린틀에 말랑말랑한 버터(분량 외)를 바른다. 식혀서 굳히고 다시 버터를 발라 식혀 굳힌다. 7을 꽉 채우고 알루미늄 호일로 덮는다.
9. 따뜻한 물이 담긴 오븐용 팬에 천을 깔고 8을 얹어 220℃의 오븐에서 1시간 20분 굽는다. 중간에 적당하게 물을 보충한다.
10. 중심부에 온도계를 꽂았을 때 68℃면 된다. 상온에서 식히고 냉장고에 보관한다.

크림치즈 닭고기 테린
Terrine de poulet shinrin au fromage crémeux

프랑스에는 샤르퀴트리에 로크포르(세계 3대 블루치즈 중 하나)를 넣는 레시피는 있지만 크림치즈를 그대로 반죽에 섞는 레시피는 없는 것 같다. 이 방법을 응용하여 일본 토종닭에 요구르트, 두유, 두부 등을 넣어 여러 가지 담백한 반죽으로 변형할 수 있다.

재료 (28cm 테린틀 5대분)

- 돼지다리살 — 2kg
- 닭가슴살 — 2kg
- 닭간 — 1kg
- 돼지 등 지방 — 1kg

조미료
- 소금 — 110g
- 흰 후추 — 25g
- 고수 — 5g
- 카트르 에피스 — 4g

- 달걀 — 10개
- 오렌지 껍질 — 2개분
- 크림치즈 — 500g
- 쿠앵트로(오렌지 껍질로 만든 리큐어) — 100㎖
- 크레핀 — 적당량

만드는 법

1. 오렌지 껍질은 잘 씻어서 얇게 벗겨내 잘게 썬다. 크림치즈는 3cm로 네모나게 썬다.

2. 돼지다리살, 닭가슴살은 5cm로, 돼지 등 지방은 3cm로 모두 네모나게 썬다. 닭간은 반으로 썬다. 전부 기계에 간다.

3. 2를 넓은 볼에 옮기고 조미료와 달걀을 넣어 전체적으로 끈적끈적해질 때까지 섞는다.

4. 이어서 1의 오렌지 껍질, 크림치즈, 쿠앵트로를 넣고 전체적으로 잘 뭉쳐지도록 섞는다.

5. 크레핀을 깐 테린틀에 4를 꽉 채우고 양쪽에서 크레핀을 덮는다.

6. 따뜻한 물이 담긴 오븐용 팬에 천을 깔고 알루미늄 호일을 덮은 5를 얹어 220℃의 오븐에서 1시간 20분 굽는다. 중간에 적당하게 물을 보충한다.

7. 중심부에 온도계를 꽂았을 때 68℃면 된다. 상온에서 식히고 냉장고에 보관한다.

닭 염통 테린
Terrine de cœurs de poulet

오향 가루를 넣은 타이완 소시지 같은 맛의 테린이 재미있을 것 같았고,
가능하면 꼬들꼬들한 닭 염통이 잘 어울리겠다는 생각에서 만들었다.
많이 사용되지 않는 닭 염통을 넣는다는 시도가 마음에 들었다.

재료 (28cm 테린틀 4대분)

오리가슴살(비계를 제거한 살코기 부분)
— 1kg
돼지다리살 — 1kg
돼지 등 지방 — 300g
닭간 — 1kg

가르니튀르
| 닭 염통 — 1kg
| 오향 가루, 소금 — 각각 10g
| 버터 — 20g

조미료
| 소금 — 75g
| 흰 후추 — 10g
| 카트르 에피스 — 4g

달걀 — 4개
구기자 열매 — 20g
크레핀, 산초나무순 — 각각 적당량

만드는 법

1. 닭 염통은 세로로 썰어 핏덩어리와 혈관을 제거하고 물에 헹군다. 핏물을 뺀 후 물기를 닦고 오향 가루와 소금을 뿌려서 하룻밤 둔다.
2. 프라이팬에 버터를 녹이고 1을 센 불에서 볶다가 그대로 상온에 식힌 후 냉장고에 둔다.
3. 오리가슴살, 돼지다리살은 5cm로, 돼지 등 지방은 3cm로 모두 네모나게 썬다. 닭간은 반으로 썬다. 전부 기계에 간다.
4. 3을 넓은 볼에 옮기고 조미료와 달걀을 넣어 전체적으로 끈적끈적해질 때까지 섞는다.
5. 4에 2와 구기자 열매를 넣고 잘 섞는다.
6. 크레핀을 깐 테린틀에 5를 꼭 채우고 양쪽에서 크레핀을 덮은 후 산초나무순을 찢어 뿌린다.
7. 따뜻한 물이 담긴 오븐용 팬에 천을 깐다. 그 위에 알루미늄 호일을 덮은 6을 놓고 220℃의 오븐에서 1시간 20분 굽는다. 중간에 적당하게 물을 보충한다.
8. 중심부에 온도계를 꽂았을 때 68℃면 된다. 상온에서 식히고 냉장고에 보관한다.

볏 모래주머니 테린
Terrine aux crêtes de coq et gésiers

고전 프랑스 요리에서 자주 사용되었던 닭 볏을 오늘날의 테린에 적용했다.
모래주머니 콩피를 넣어 특색 있는 맛과 식감을 즐길 수 있는 요리로 완성했다.

재료 (28cm 테린틀 4대분)

돼지다리살 — 1.5kg
닭가슴살 — 500g
닭간 — 750g
돼지 등 지방 — 500g

가르니튀르
　닭 볏 — 500g
　마늘 — 1쪽
　모래주머니 콩피(▶p140) — 500g

조미료
　소금 — 75g
　흰 후추 — 20g
　타라곤(싱싱한 것) — 1팩

화이트와인 — 100㎖
달걀 — 8개
크레핀 — 적당량
월계수잎 — 적당량

만드는 법

1. 닭 볏은 찧은 마늘 1쪽과 함께 2시간 삶아 껍질을 벗기고 2cm로 네모나게 썬다. 모래주머니 콩피도 2cm로 네모나게 썬다.

2. 돼지다리살, 닭가슴살은 5cm로, 돼지 등 지방은 3cm로 모두 네모나게 썬다. 닭간은 반으로 썰고 전부 기계에 간다.

3. 2를 넓은 볼에 옮기고 소금, 흰 후추, 잎만 찢은 타라곤, 화이트와인, 달걀을 넣어 전체적으로 끈적끈적해질 때까지 섞는다. 1을 넣고 잘 섞는다.

4. 크레핀을 깐 테린틀에 3을 꽉 채우고 양쪽에서 크레핀을 덮은 후 월계수잎을 뿌린다.

5. 따뜻한 물이 담긴 오븐용 팬에 천을 깐다. 그 위에 알루미늄 호일을 덮은 4를 놓고 220℃의 오븐에서 1시간 20분 굽는다. 중간에 적당하게 물을 보충한다.

6. 중심부에 온도계를 꽂았을 때 68℃면 된다. 상온에서 식히고 냉장고에 보관한다.

송아지 파테 앙 크루트
Pâté en croûte de veau

파테의 파르스를 파이 반죽으로 싸서 완성하는 고전 중의 고전이다. 그러나 전통 레시피로 만들면 완성되기까지 5일이나 걸린다. 나날이 조리 기구가 발전하는 요즘 시점에서 보면 고전이라고 해도 공정 중에 필요 없는 작업이 있다.

예를 들어 옛날에는 파이를 구운 후 부피가 줄어들어서 생긴 구멍 부분에 산화를 방지하기 위해 젤리를 흘려 넣어 굳혔는데 손이 너무 가는 작업이라 그 공정을 재검토했다.

진공포장기에 넣으면 구멍 부분이 없어지고 액체 재료도 줄였기 때문에 며칠이나 보관할 수 있다. 잘 결착된 단면을 만들어보자.

재료 (28cm 테린틀 3대분)

송아지다리살 —— 1kg
돼지다리살 —— 300g
오리가슴살(비계를 제거한 살코기 부분) —— 800g
닭간 —— 400g
돼지 등 지방 —— 600g

조미료
　소금 —— 59g
　검은 후추 —— 15g
　카트르 에피스 —— 6g

달걀 —— 3개
파트 브리제(▶p22) —— 750g(250g×3대분)
크레핀 —— 적당량

1 파트 브리제는 3등분하여 1대씩 작업한다. 덧가루(분량 외)를 뿌리고 밀대로 두드려 부드럽게 만든다.

2 2mm 두께, 약 30cm×35cm로 펼친다.

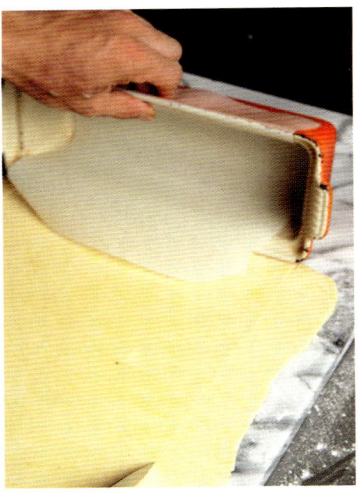

3 테린틀을 옆으로 세워 반죽에 맞추고 길이가 충분한지 확인한다.

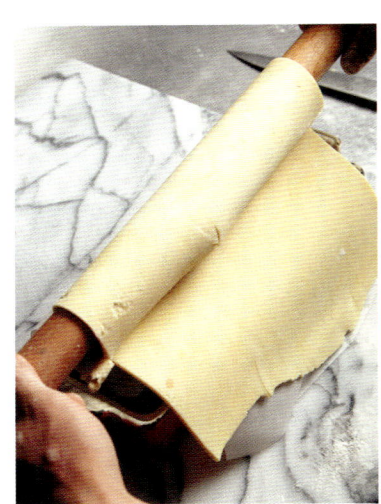

4 펼친 파트 브리제를 밀대에 감고 테린틀 위에 얹어 좌우가 균등해지도록 펼친다.

5 틀에 잘 맞도록 손가락으로 눌러 깐다.

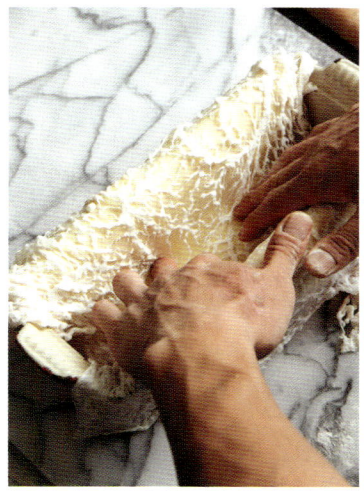

6 씻어서 물기를 뺀 크레핀을 펼치고 파트 브리제와 크기가 비슷하게 자른다. 5에 겹쳐 틀에 딱 맞게 깐다.

7 송아지다리살, 돼지다리살, 오리가슴살은 각각 5cm로 돼지 등 지방은 3cm로 네모나게 썬다. 닭간은 반으로 썰고 전부 기계에 간다.

8 넓은 볼에 옮기고 조미료(소금, 검은 후추, 카트르 에피스), 달걀을 넣어 섞는다.

9 전체적으로 끈적끈적해지면 된다.

10 6의 틀에 9를 채운다. 손으로 떠서 힘주어 던지듯이 치고 여분의 공기를 빼면서 꽉 채운다.

11 크레핀을 좌우에서 감싸듯이 덮는다.

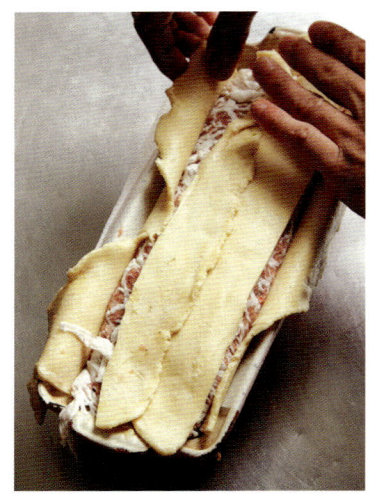

42 파트 브리제도 좌우에서 덮는다. 파트 브리제가 부족한 부분은 남은 반죽을 잘라 붙이고 윗면도 틈새가 없도록 덮는다.

43 윗면에 붓으로 달걀노른자(분량 외)를 바른다.

44 200℃의 오븐에서 약 1시간 굽는다.

45 온도계를 꽂아 중심부가 68℃면 된다. 상온에서 식힌 후 냉장고에 넣어 하룻밤 두고 반죽을 굳힌다.

46 틀 바닥 부분을 가스불로 가열하여 틀에서 분리한다.

47 진공포장기에 넣어 파트 브리제와 파테 반죽을 밀착시키고 하룻밤 냉장고에 두었다가 자른다.

따뜻한 파테

Pâté chaud

돼지다리살, 닭간에 소금, 등 지방, 후추 등을 넣은 심플한 파르스를 푀이타주로 싸서 구운 요리이다. 레스토랑에서는 파테의 파르스도 일품요리로 가공하면 완성도가 높은 메뉴가 되는데, 이것이 그 전형적인 예이다. 원가를 줄이기 위해 파르스 중심에 푸아그라나 트리플을 덩어리로 채우는 등 여러 방법으로 변형시키기도 쉽다. 레드와인계 소스를 곁들여도 좋다.

재료 (20~25개분)

돼지다리살 — 1kg

닭간 — 500g

돼지 등 지방 — 500g

조미료
- 소금 — 24g
- 흰 후추 — 10g

따뜻한 파테 4개분의 마무리용 재료
- 푀이타주 라피드(▶p22) — 250g
- 달걀노른자 — 적당량

1 파르스를 만든다. 돼지다리살은 5cm로 돼지 등 지방은 3cm로 네모나게 썬다. 닭간은 반으로 썰고 전부 기계에 간다.

2 그대로 믹서용 장치를 끼운 후 소금과 후추를 넣고 섞는다.

3 전체적으로 끈기가 생기고 끈적끈적해지면 된다. 80g씩 나누어 뭉친다. 바로 사용하지 않는 분량은 랩에 싸서 냉동시킨다.

4 푀이타주 라피드를 2mm 두께, 40cm×30cm로 펼치고 20cm×15cm로 4등분한다. 3을 1개, 네모나게 모양을 만들어 얹고 푀이타주의 긴 쪽 가장자리에 달걀 노른자를 바른다.

5 앞쪽에서부터 접어 안쪽으로 둥글게 만다. 겹쳐진 부분을 아래로 가게 두고 직육면체 모양으로 만든다.

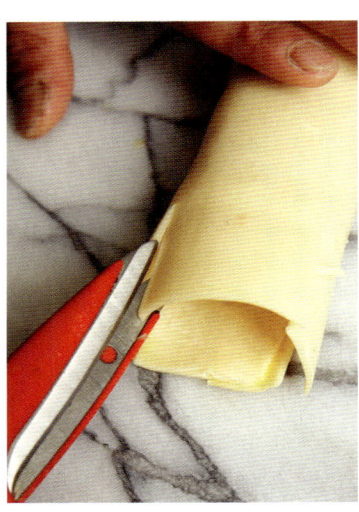

6 직육면체의 각이 있는 네 부분에 주방용 가위로 가위집을 넣는다.

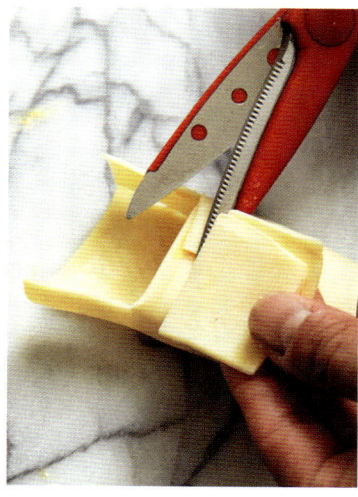 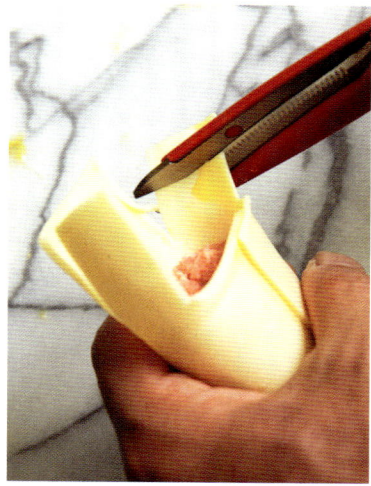

7 앞뒤를 뒤집어 겹쳐진 부분의 한쪽을 잘라낸다.

8 옆의 접는 부분을 반으로 잘라 안쪽으로 접는다.

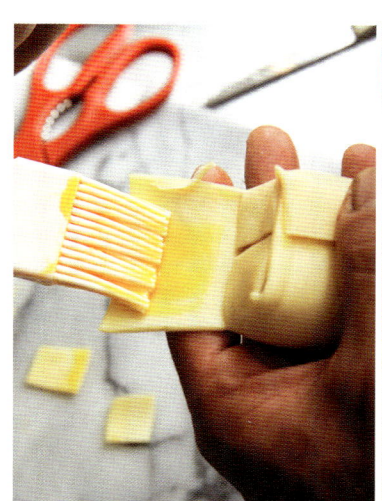 

9 덮개가 되는 부분의 끝과 겹쳐지는 부분에 달걀노른자를 바르고 접어서 덮개를 만든다.

10 반대쪽도 7~9와 똑같이 접어 직육면체 상자 모양으로 만든다. 220℃의 오븐에서 18분 정도 노릇노릇해질 때까지 굽는다.

크레피네트
Crépinette

이것도 마찬가지로 기본적인 파테 파르스를 크레핀으로 싸서 구운 요리이다. 고기의 감칠맛과 식감에 지방의 단맛이 더해져 입안에 맛이 금세 퍼진다. 따뜻하거나 차갑게 둘 다 가능하다.
레드와인계 소스 또는 퐁드보를 조린 소스를 얹거나 버섯을 볶아 곁들여도 좋다.

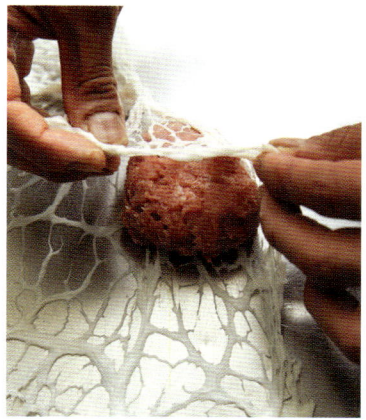

재료 (20~25개분)

돼지다리살 — 1kg
닭간 — 500g
돼지 등 지방 — 500g

조미료
　소금 — 24g
　흰 후추 — 10g

크레핀 — 적당량

1. 파르스를 만든다. 돼지다리살은 5cm로, 돼지 등 지방은 3cm로 모두 네모나게 썬다. 닭간은 반으로 썰고 전부 기계에 간다.
2. 그대로 믹서용 장치를 끼운 후 소금과 후추를 넣고 섞는다.
3. 전체적으로 끈기가 생기고 끈적끈적해지면 된다. 80g씩 나누어 뭉친다. 바로 사용하지 않는 분량은 랩에 싸서 냉동시키면 된다.
4. 씻어서 물기를 뺀 크레핀을 펼치고 3을 끝에 놓는다. 좌우를 접어 둥글게 말고 전체를 감싼다. 크레핀이 큰 경우에는 적당히 자른다.
5. 달군 프라이팬에 4를 넣고 노릇노릇해지면 뒤집는다. 뚜껑을 덮고 불을 줄이며 먹음직스럽게 굽는다.

흰 무화과를 넣은 돼지고기 파테 앙 크루트
Pâté en croûte de porc à la figue blanche

돼지고기, 간, 건조 과일은 불변의 조합이다.
와인과 함께 먹으면 끈적끈적하고 부드러운 반죽 안의 새콤달콤한 맛이 돋보인다.
크레핀과 파이 반죽으로 감싸서 더 우아한 인상을 준다.

재료 (28cm 테린틀 3대분)

- 돼지다리살 — 1.8kg
- 돼지 등 지방 — 900g
- 닭간 — 300g
- 건조 흰 무화과 — 500g

조미료
- 소금 — 48g
- 검은 후추 — 10g
- 카트르 에피스 — 4g

- 파트 브리제(▶p22) — 750g
- 크레핀 — 적당량

만드는 법

1. 돼지다리살은 5cm로, 돼지 등 지방은 3cm로 모두 네모나게 썰고, 닭간은 반으로 썰어 전부 기계에 간다.
2. 건조 무화과는 3cm로 네모나게 썬다.
3. 1을 넓은 볼에 옮기고 2와 조미료를 넣어 전체적으로 끈적끈적해질 때까지 섞는다.
4. 파트 브리제는 3등분하여 각각 3mm 두께, 약 30cm×35cm로 펼쳐서 테린틀에 깐다. 그 위에 크레핀을 덮는다.
5. 4의 틀에 3을 채우고 좌우의 크레핀을 덮은 후 파트 브리제로 뚜껑처럼 덮는다.
6. 220℃의 오븐에 5를 넣고 약 1시간 굽는다.
7. 중심부에 온도계를 꽂았을 때 68℃면 된다. 상온에서 식히고 냉장고에 보관한다.

돼지피를 넣은 에조사슴 테린
Terrine au cerf d'Ezo et sang de porc

철분이 소고기의 3배나 되는 사슴고기에 돼지피를 섞은 개성 넘치는 테린.
철분이 잘 스며들어 단단한 질감은 레드와인과 찰떡궁합이다.
철분이 많은 테린은 변색되기 쉬우니 크레핀보다 공기와 잘 접촉되지 않는 등 지방을 얇게 썰어 감싼다.

재료 (28cm 테린틀 5대분)

- 에조사슴다리살 — 2.5kg
- 돼지다리살 — 500g
- 돼지간 — 1kg
- 돼지 등 지방 — 1kg
- 돼지피 — 250㎖

조미료
- 소금 — 95g
- 검은 후추 — 15g
- 카트르 에피스 — 5g

- 레드와인 — 125㎖
- 달걀 — 5개
- 리덕션(▶p16) — 250g
- 건포도 — 500g
- 돼지 등 지방 — 적당량
- 월계수잎 — 적당량

만드는 법

1. 사슴다리살, 돼지다리살, 돼지간은 5cm로, 돼지 등 지방은 3cm로 모두 네모나게 썰어 전부 기계에 간다.

2. 1을 넓은 볼에 옮기고 돼지피, 조미료, 레드와인, 달걀, 리덕션을 넣어 전체적으로 끈적끈적해질 때까지 섞는다. 건포도를 넣고 더 섞는다.

3. 돼지 등 지방을 간 테린틀에 2를 꼭 채우고 등 지방으로 덮는다. 월계수잎을 뿌린다.

4. 따뜻한 물이 담긴 오븐용 팬에 천을 깐다. 그 위에 알루미늄 호일을 덮은 3을 놓고 220℃의 오븐에서 1시간 20분 굽는다. 중간에 적당하게 물을 보충한다.

5. 중심부에 온도계를 꽂았을 때 68℃면 된다. 상온에서 식히고 냉장고에 보관한다.

※ 틀에 까는 돼지 등 지방은 전용 시트를 구입했다. 소량만 필요하다면 큼직한 돼지 등 지방을 펼쳐 냉동시키고 칼로 얇게 잘라내어 사용해도 된다.

피파츠 풍미를 낸 미야코규 테린
Terrine au bœuf de Miyako aromatisé au pippatsu

미야코지마산 1등급 와규가 들어왔을 때, 오키나와를 키워드로 삼아 오키나와산 섬후추인 피파츠를 넣어보자는 생각에서 만든 요리이다. 산뜻한 매운맛이 계속해서 먹고 싶게끔 만든다. 소고기는 산지에 상관없이 아무거나 사용해도 된다.

재료 (28cm 테린틀 4대분)

- 소다리살 — 1.5kg
- 돼지다리살 — 1kg
- 돼지 등 지방 — 750g
- 닭간 — 750g
- 마늘 — 2쪽

조미료
- 소금 — 80g
- 검은 후추 — 3g
- 에르브 드 프로방스 — 3g
- 파프리카 — 5g
- 피파츠(분말) — 8g

- 구기자 열매 — 15g
- 레드와인 — 80㎖
- 달걀 — 6개
- 크레핀 — 적당량
- 월계수잎 — 적당량

만드는 법

1. 소다리살, 돼지다리살은 5cm로, 돼지 등 지방은 3cm로 모두 네모나게 썰고, 닭간은 반으로 썬다. 그 다음 마늘과 함께 전부 기계에 간다.

2. 1을 넓은 볼에 옮기고 조미료, 구기자 열매, 레드와인, 달걀을 넣어 전체적으로 끈적끈적해질 때까지 섞는다.

3. 크레핀을 깐 테린틀에 2를 꽉 채우고 양쪽에서 크레핀을 덮은 후 월계수잎을 뿌린다.

4. 따뜻한 물이 담긴 오븐용 팬에 천을 깔고 알루미늄 호일을 덮은 3을 얹어 220℃의 오븐에서 1시간 20분 굽는다. 중간에 적당하게 물을 보충한다.

5. 중심부에 온도계를 꽂았을 때 68℃면 된다. 상온에서 식히고 냉장고에 보관한다.

참기름 테린
Terrine à l'huile de sésame

몇 년 전, 어떤 미디어의 제안을 받아 내 고향의 참기름 업체와 함께 상품을 개발한 적이 있다. 그때 자유로운 발상으로 볶은 향이 강한 참기름을 넣어 보았는데, 반죽에 고소한 향이 나서 평판이 좋았다. 그 이후 우리 가게의 스테디셀러가 되었다.

재료 (28cm 테린틀 2대분)

돼지다리살 —— 1.2kg
돼지 등 지방 —— 600g
닭간 —— 500g

조미료
　소금 —— 28g
　흰 후추 —— 4g

달걀 —— 3개
리덕션(▶p16) —— 120g
참기름 —— 25ml
크레핀 —— 적당량
월계수잎 —— 적당량

만드는 법

1. 돼지다리살은 5cm로, 돼지 등 지방은 3cm로 모두 네모나게 썰고, 닭간은 반으로 썬 다음 전부 기계에 간다.

2. 1을 넓은 볼에 옮기고 조미료, 달걀, 리덕션, 참기름을 넣고 전체적으로 끈적끈적해질 때까지 섞는다.

3. 크레핀을 깐 테린틀에 2를 꽉 채우고 양쪽에서 크레핀을 덮은 후 월계수잎을 뿌린다.

4. 따뜻한 물이 담긴 오븐용 팬에 천을 깔고 알루미늄 호일을 덮은 3을 얹어 220℃의 오븐에서 1시간 20분 굽는다. 중간에 적당하게 물을 보충한다.

5. 중심부에 온도계를 꽂았을 때 68℃면 된다. 상온에서 식히고 냉장고에 보관한다.

어간장 풍미를 낸 돼지 테린
Terrine de porc à la sauce shottsuru

어간장으로 테린의 염분을 보강한다. 특이하다고 생각할 수도 있겠지만 발효의 깊이가 더해져 의외로 잘 어울린다. 아키타현을 테마로 상품을 개발했을 때 만든 제품으로 유자 후추의 매운맛이 포인트이다.

재료 (28cm 테린틀 3대분)

- 돼지다리살 — 1.3kg
- 소다리살 — 500g
- 돼지 등 지방 — 1.2kg
- 닭간 — 750g

조미료
- 소금 — 60g
- 흰 후추 — 12g
- 유자 후추 — 12g
- 설탕 — 10g
- 어간장 — 40㎖

- 레드와인 — 40㎖
- 달걀 — 5개
- 크레핀 — 적당량
- 산초나무순 — 적당량

만드는 법

1. 돼지다리살, 소다리살은 5cm로, 돼지 등 지방은 3cm로 모두 네모나게 썰고, 닭간은 반으로 썬 다음 전부 기계에 간다.

2. 1을 넓은 볼에 옮기고 조미료, 레드와인, 달걀을 넣어 전체적으로 끈적끈적해질 때까지 섞는다.

3. 크레핀을 깐 테린틀에 2를 꽉 채우고 양쪽에서 크레핀을 덮는다. 산초나무순을 찢어 전체에 뿌린다.

4. 따뜻한 물이 담긴 오븐용 팬에 천을 깔고 알루미늄 호일을 덮은 3을 얹어 220℃의 오븐에서 1시간 20분 굽는다. 중간에 적당하게 물을 보충한다.

5. 중심부에 온도계를 꽂았을 때 68℃면 된다. 상온에서 식히고 냉장고에 보관한다.

토란 된장 테린
Terrine de taro au miso

원래 프랑스 요리에 사용하지 않는 재료라도 기본만 유지하면 자유롭게 사용할 수 있다. 백된장의 단맛은 테린과 궁합이 좋다. 순간 훈제하면 토란의 맛이 살아나서 한층 잘 어우러진다.

재료 (28cm 테린틀 5대분)

- 소다리살 — 800g
- 돼지다리살 — 1.6kg
- 돼지 등 지방 — 1.5kg
- 닭간 — 1.4kg

조미료
- 소금 — 85g
- 흰 후추 — 20g

- 토란 — 500g
- 레드와인 — 100㎖
- 백된장(저염식) — 30g
- 달걀 — 6개
- 크레핀 — 적당량
- 벚나무 톱밥 — 2큰술

만드는 법

1. 토란은 껍질을 벗기고 2cm로 네모나게 썰어 찐다. 중화냄비에 벚나무 톱밥을 깔고 망을 얹는다. 그 위에 토란을 놓고 불을 붙여서 연기가 나기 시작하면 볼을 덮고 3분 정도 가열한다. 불을 끄고 5분 두어 훈제로 만든다.

2. 백된장은 레드와인을 넣고 섞어서 풀어둔다.

3. 소다리살, 돼지다리살은 5cm로, 돼지 등 지방은 3cm로 모두 네모나게 썰고, 닭간은 반으로 썬 다음 전부 기계에 간다.

4. 3을 넓은 볼에 옮기고 조미료와 2를 넣어 전체적으로 끈적끈적해질 때까지 섞는다.

5. 이어서 달걀을 넣고 전체적으로 뭉쳐지도록 섞은 후 1을 섞는다.

6. 크레핀을 깐 테린틀에 5를 꽉 채우고 양쪽에서 크레핀을 덮는다.

7. 따뜻한 물이 담긴 오븐용 팬에 천을 깐다. 그 위에 알루미늄 호일을 덮은 6을 놓고 220℃의 오븐에서 1시간 20분 굽는다. 중간에 적당하게 물을 보충한다.

8. 중심부에 온도계를 꽂았을 때 68℃면 된다. 상온에서 식히고 냉장고에 보관한다.

p.030
파테 드 캄파뉴
사용

파테 드 캄파뉴 핫 샌드위치

식빵에 끼워 프라이팬에서 꾹 눌러 굽기만 하면 된다.
따끈따끈한 파니니를 베어 문 것 같은 느낌이 난다. 작게 만들면 애피타이저로도 좋다.

재료 (1인분)

파테 드 캄파뉴 ― 50g
모차렐라 치즈 ― 50g
토마토 ― 1개
싱싱한 바질잎 ― 3장
식빵 ― 2장
올리브오일 ― 적당량

만드는 법

1. 식빵 1장에 얇게 썬 모차렐라 치즈, 토마토를 얹고 바질을 찢어 뿌린다. 그리고 1cm 두께로 썬 파테 드 캄파뉴를 얹는다.

2. 나머지 식빵 1장을 덮어 손으로 가볍게 누른다. 올리브오일을 두른 프라이팬에 얹고 냄비 받침 등을 눌러 굽는다.

3. 노릇노릇해지면 뒤집어 뒷면도 색이 나게 굽는다. 전체적으로 적당하게 구워지면 원하는 크기로 잘라낸다.

재료 (2인분)

- 파테 드 캄파뉴의 파르스 — 300g
- 토마토(단단한 것) — 4개
- 가지 — 2개
- 주키니 — 1개
- 피망 — 2개
- 닭 육수 — 200㎖
- 타임 — 1줄기
- 월계수잎 — 2장
- 다진 파슬리 — 1작은술
- 레몬즙 — 1작은술
- 올리브오일 — 2큰술

p.030
파테 드 캄파뉴
사용

만드는 법

1. 토마토는 꼭지에서부터 2cm 부분을 가로로 잘라 속을 파낸다. 파낸 속은 빼 둔다.
2. 가지는 꼭지를 제거하고 세로로 반을 썰어 속을 파낸다. 파낸 속은 빼 둔다.
3. 주키니는 6cm 길이로 썰고 각각 바닥이 뚫리지 않도록 속을 파낸다. 파낸 속은 빼 둔다.
4. 피망은 꼭지를 제거하고 세로로 반을 썰어 씨를 빼낸다.
5. 1~4의 채소를 파낸 부분에 파테 드 캄파뉴의 파르스를 봉긋하게 채운다.
6. 채소가 딱 들어가는 냄비에 닭 육수를 붓고 5의 채소를 듬성듬성 늘어놓는다. 빈 공간에 파낸 속과 씨를 넣고 타임과 월계수잎도 넣어 가열한다.
7. 끓으면 냄비째 150℃ 오븐에 옮긴다. 채소가 마르지 않도록 조린 국물을 끼얹으면서 약 40분 푹 익힌다.
8. 채소가 부드러워지고 파르스가 익으면 채소를 접시에 옮긴다.
9. 냄비에 남은 조린 국물을 가는 체에 거르고 양이 절반으로 줄어들 때까지 조린다. 불을 끄고 파슬리와 레몬즙을 넣는다. 올리브오일을 조금씩 넣어 걸쭉한 소스로 완성하여 8에 뿌린다.

채소 파르시

파테 드 캄파뉴에 채소를 채워서 구우면 전혀 다른 맛의 일품요리로 즐길 수 있다.
채소의 감칠맛 때문에 파테의 맛이 부드러워진다.

제 2 장

소시지와 살라미

창자에 고기와 비계를 채워 먹는것을 대체 누가 생각해냈을까? 가늘고 긴 돼지 창자에 곱게 간 고기와 내장, 피를 채웠을 때 나는 선인들의 지혜에 머리가 숙여졌다. 오래도록 전해져 내려온 이 발명품에 경애심이 생겼다. 천 년 이상이 지난 지금도 기본적인 조리법은 거의 그대로이며, 케이싱은 자연적인 돼지 창자보다 훌륭한 제품이 없다는 점도 놀랍다.
일본에서 보급된 소시지라는 말은 영어이다. 프랑스에서는 소시송 saucisson, 독일에서는 부르스트 wurst라고 하며 유럽 전역에서 각 나라만의 소시지가 만들어진다. 이른바 유럽의 식문화를 대표하는 식품이다.

실패 없는 배합을 모색하면서 살코기와 비계를 간 파르스를 섞고 거기에 얼음을 갈아 섞은 후 저온으로 유지하면서 수분을 보충하면 부드럽게 유화된다는 사실을 배웠다. 동시에 응용이 잘 되는 배합 비율을 발견했다. 또 삶는 공정을 콩피라는 가열 방법으로 바꾸어 보관성도 훨씬 높아졌다. 우선 재료의 비율과 기초적인 순서를 지킨 후 향신료나 가르니튀르를 넣어 다양하게 만들어보기를 바란다.

돼지 소시지
Saucisses de porc

기본적으로 돼지다리살:돼지 등 지방:얼음=6:3:1의 배합을 그대로 살리고 포인트로 갈릭 파우더만 넣은 심플한 소시지이다. 소시지에 넣는 향신료를 바꾸면 또 다른 풍미를 즐길 수 있다.

진공 팩에 넣으면 일주일은 보관할 수 있는데, 파르스는 냉동해도 상태가 변하지 않는다. 또 파르스를 돼지 창자에 채우지 않고 크레핀(크레핀)에 싸서 구울 수도 있다.

재료 (80g 12~13개분)

돼지다리살 — 600g

돼지 등 지방 — 300g

조미료
- 소금 — 12g
- 검은 후추 — 4g
- 갈릭 파우더 — 5g

얼음 — 100g

돼지 창자 — 1개

라드, 샐러드유 — 각각 적당량

1 돼지다리살은 5cm로, 돼지 등 지방은 3cm로 네모나게 썬다. 고기는 얼기 직전까지 냉장고에서 충분히 차갑게 한 후 함께 기계에 간다.

2 그대로 믹서용 장치를 끼우고 섞는다.

3 전체적으로 끈적끈적해지면 조미료(소금, 후추, 갈릭 파우더)를 넣고 섞는다.

4 얼음을 푸드 프로세서에 간다.

5 3에 4를 조금씩 넣고 섞는다. 저온을 유지하면서 섞으면 잘 뭉쳐진다. 돼지고기는 온도가 11℃보다 높아지면 지방이 녹기 시작하니 주의한다. 전체적으로 끈기가 나고 잘 뭉쳐지면 된다.

6 물에 불린 돼지 창자를 수도꼭지에 끼우고 물을 흘려 씻는다. 중간에 구멍이 나지 않았는지 잘 확인한다.

7 짤주머니에 소시지용 깍지를 끼운다. 5를 채우고 공기를 빼면서 조금씩 눌러 짠다. 끝에서부터 제대로 나오는지 확인한다.

 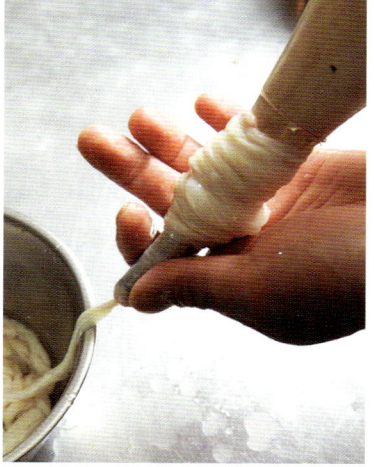 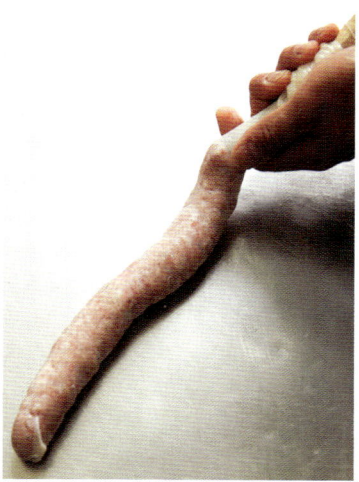

8 깍지 입구에 돼지 창자를 끼우고 스타킹을 신듯이 끌어당겨 올린다.

9 깍지 부분을 누르면서 힘주어 조금씩 균일하게 짠다.

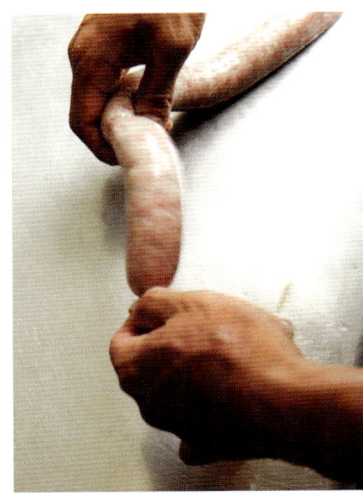

10 다 짜면 약 8cm 간격으로 3회씩 비틀어 묶는다. 누르면 손가락 자국이 남을 정도로 적당히 탄력이 있으면 된다. 이때 너무 빵빵하면 가열했을 때 찢어지니 주의한다.

11 망 위에 늘어놓고 냉장고에서 1시간 정도 두어 표면을 말린다. 마르면 비틀어 묶은 부분이 고정되어 뜨거운 기름이나 물 안에 넣어도 풀리지 않는다.

12 깊은 냄비의 70%까지 라드와 샐러드유를 절반씩 넣어 80℃로 데우고 11을 넣는다.

13 80℃를 유지하면서 20분 가열한다. 기름에서 꺼내 그대로 식힌다. 식으면 냉장고에 보관한다.

14 단면이 사진처럼 탄력적으로 잘 섞여 있으면 성공이다. 먹을 때는 구워서 내놓는다(오른쪽 페이지 참조).

앙두예트
Andouillette

프랑스의 샤르퀴트리 문화를 대표하는 요리이다. 일본에서는 내장 부위를 즐겨 사용하는데, 이것도 문화라고 할 수 있다.
원래 앙두예트는 케이싱으로 돼지 대장이나 직장을 사용하지만 사실 그것들은 다루기가 어렵다. 또 일본에서는 대장을 절개하여 세척해서 팔기 때문에 관 모양인 것을 구입하기가 어렵다. 그래서 결과적으로 여기서는 소장을 사용했다. 일본식 소시지로 즐겼으면 좋겠다.

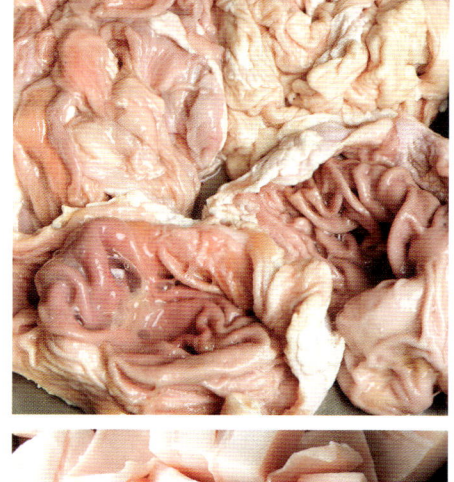

재료 (80g 40개분)

내장(소장, 대장, 위를 적당히 섞은 것) — 3kg
돼지다리살 — 1.5kg
돼지 등 지방 — 500g

향미 채소
- 큼직하게 썬 양파 — 2개분
- 세로로 2등분한 당근 — 1개분
- 큼직하게 썬 셀러리 — 2개분
- 마늘 — 8쪽

화이트와인 식초 — 150ml
프렌치 머스터드 — 3큰술

조미료
- 소금 — 60g
- 검은 후추 — 7g
- 고수 — 2g
- 육두구, 카트르 에피스, 카이엔 페퍼, 커민, 아니스, 파프리카
  — 각각 1g

얼음 — 300g
돼지 창자 — 1개
라드, 샐러드유 — 각각 적당량

※ 내장을 주문할 때 최소 단위가 각 부위별로 1kg이기 때문에 총량은 많지만 이 배합이 손실이 적다. 적당하게 만들기 쉬운 양으로 등분해도 된다.

1 깊은 냄비에 물을 충분히 넣고 내장을 센 불에서 삶는다.

2 끓으면 냄비를 개수대로 옮기고 흐르는 물에서 내장을 씻는다.

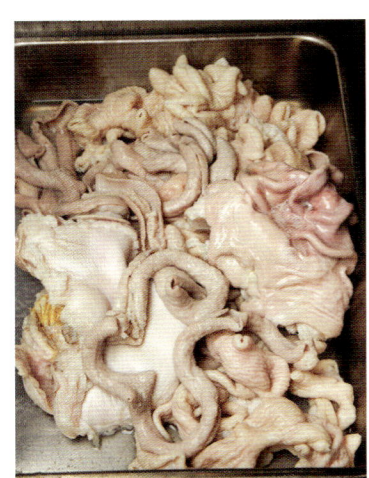  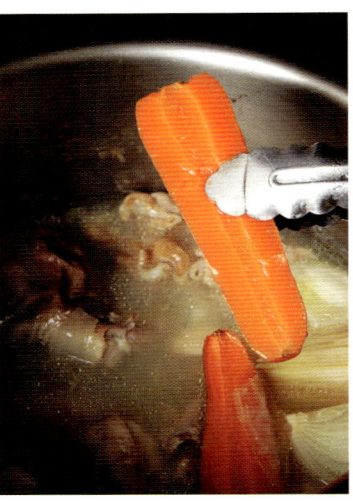

3 씻은 내장을 배트에 올린다.

4 깊은 냄비를 씻고 3과 향미 채소, 물을 충분히 넣어 센 불에 올린다. 끓으면 약불로 줄여 1시간 끓인다.

5 당근이 들어가면 완성된 제품의 색이 나빠지기 때문에 당근은 빼낸다.

6 남은 재료들을 체에 건지고 삶은 물은 버린다.

7 6을 배트에 올리고 화이트와인 식초와 프렌치 머스터드를 뿌려 하룻밤 재운다.

8 돼지다리살은 5cm로, 돼지 등 지방은 3cm로 네모나게 썬다. 7과 합쳐 전부 기계에 간다.

9 조미료(소금, 검은 후추, 고수, 육두구, 카트르 에피스, 카이엔 페퍼, 커민, 아니스, 파프리카)를 넣는다.

10 끈기가 생길 때까지 힘주어 섞는다. 몇 번에 나누어 믹서로 섞어도 된다.

11 얼음을 푸드 프로세서에 갈아 조금씩 넣으면서 전체적으로 끈적끈적해질 때까지 섞는다. 온도가 11℃보다 높아지면 지방이 녹기 시작하니 손으로 재빨리 섞는다.

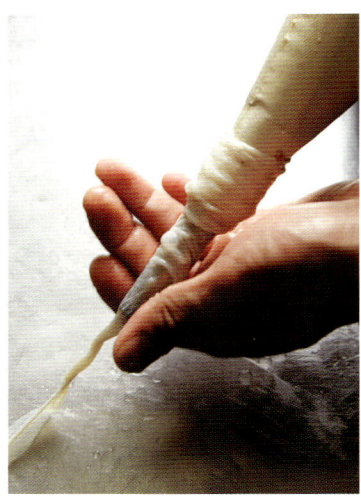
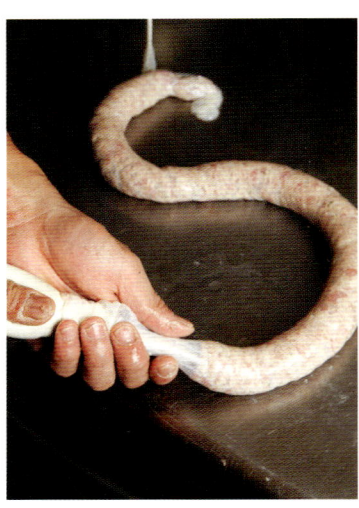

12 짤주머니에 소시지용 깍지를 끼우고 11을 채운다. 공기를 빼면서 조금씩 눌러 짜고 끝에서부터 제대로 나오는지 확인한다.

13 깍지 입구에 씻은 돼지 창자를 끼우고 스타킹을 신듯이 끌어당겨 올린다.

14 깍지 부분을 누르면서 힘주어 조금씩 균일하게 짠다.

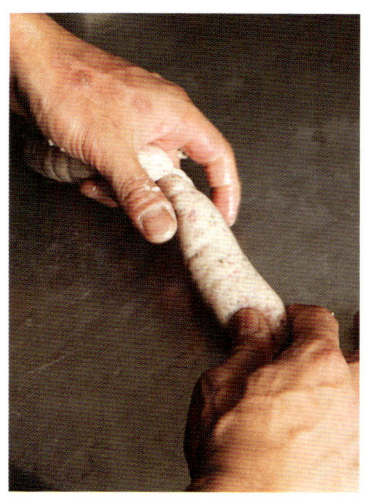

15 다 짜면 약 8cm 간격으로 3회씩 비틀어 묶는다. 누르면 손가락 자국이 남을 정도로 적당히 탄력이 있으면 된다. 이때 너무 빵빵하면 가열했을 때 찢어지니 주의한다.

16 망 위에 늘어놓고 냉장고에서 1시간 정도 두어 표면을 말린다. 마르면 비틀어 묶은 부분이 고정되어 뜨거운 기름이나 물 안에 넣어도 풀리지 않는다.

17 깊은 냄비의 70%까지 라드와 샐러드유를 절반씩 넣어 80℃로 데우고 16을 넣는다.

18 80℃를 유지하면서 20분 가열한다. 기름에서 꺼내 그대로 식힌다. 식으면 냉장고에 보관한다.

부뎅 블랑

Boudin blanc

부뎅이라고 하면 부뎅 누아(블랙푸딩)를 떠올리는 사람이 많을 것이다. 하지만 부뎅 자체는 프랑스어의 'Boudiné-부풀어 오른 것'이 어원인 것 같다. 부풀어 오른 것이라는 이미지 때문일까? 달걀 흰자와 생크림을 넣고 푸드 프로세서에 부드럽게 간 파르스를 창자에 채운 부뎅 블랑도 불룩한 모양이다.

부뎅 블랑은 부드러운 식감과 순한 맛이 장점이다. 수분량이 많아 반죽 자체가 빨리 상하기 때문에 콩피 대신 물에 끓여서 완성했다.

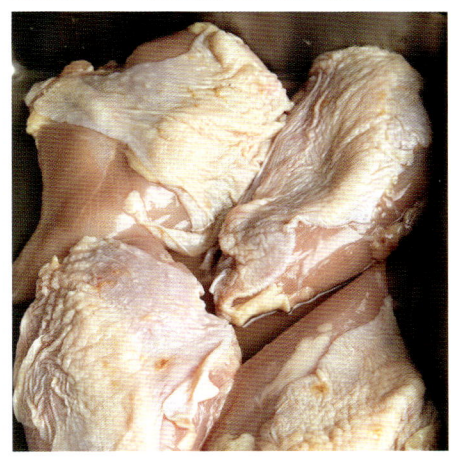

재료 (60g 약 30개분)

- 돼지다리살 — 1.2kg
- 돼지 등 지방 — 200g
- 닭가슴살 — 1kg
- 양파 — 3개
- 우유 — 적당량

조미료
- 소금 — 45g
- 흰 후추 — 6g
- 고수 — 2g
- 카트르 에피스 — 2g

- 달걀흰자 — 300g
- 생크림 — 450㎖
- 돼지 창자 — 1개

1 양파는 얇게 썰어 냄비에 넣고 우유와 물을 같은 분량으로 찰랑찰랑할 때까지 부어 센불에 올린다. 양파를 우유에서 끓이는 것은 완성된 색을 하얗게 만들기 위해서이다.

2 10분 정도 끓여 흐물흐물해지면 체에 건진다.

3 돼지다리살은 5cm로, 돼지 등 지방은 3cm로 모두 네모나게 썬다.

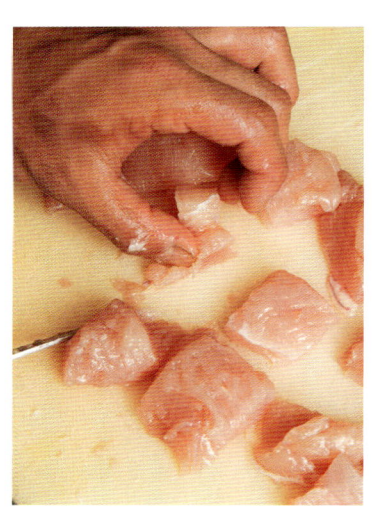

4 닭가슴살은 껍질을 벗기고 5cm로 네모나게 한입 크기로 썬다.

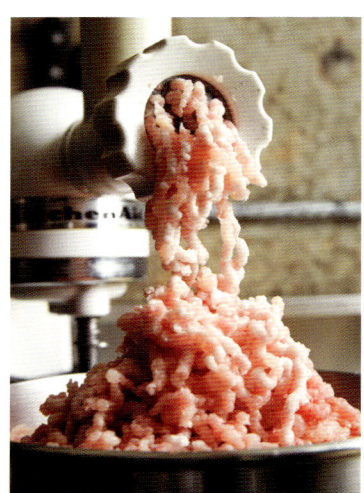

5 3, 4를 전부 기계에 간다.

6 그대로 믹서용 장치를 끼우고 조미료(소금, 흰 후추, 고수, 카트르 에피스)를 넣어 전체적으로 끈적끈적해질 때까지 섞는다.

7 6을 푸드 프로세서에 옮기고 달걀흰자와 생크림, 2를 넣어 섞는다.

8 곱고 부드러운 페이스트 형태가 되면 된다. 일단 볼에 옮기고 뭉치지 않도록 균일하게 섞는다.

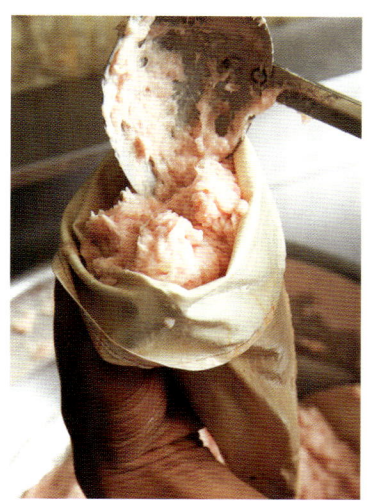

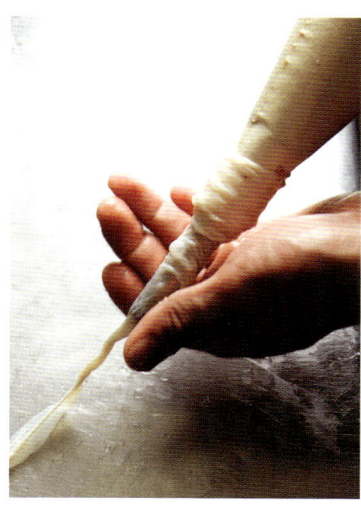

9 짤주머니에 소시지용 깍지를 끼우고 8을 채운다.

10 공기를 빼면서 조금씩 눌러 짜고 끝에서부터 제대로 나오는지 확인한다.

11 깍지 입구에 씻은 돼지 창자를 끼우고 스타킹을 신듯이 끌어당겨 올린다.

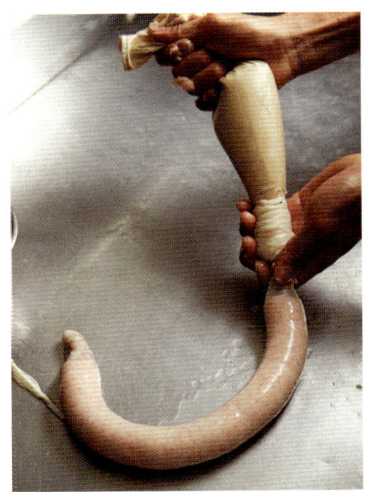

42 깍지 부분을 누르면서 힘주어 조금씩 균일하게 짠다.

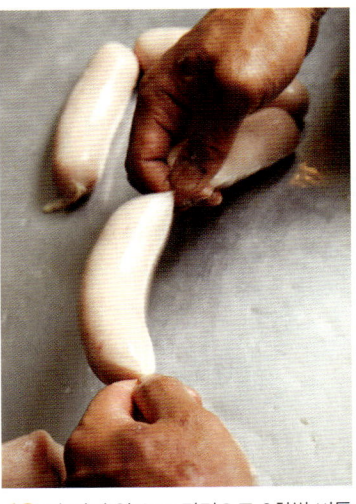

43 다 짜면 약 6cm 간격으로 3회씩 비틀어 묶는다. 누르면 손가락 자국이 남을 정도로 적당히 탄력이 있으면 된다. 이때 빵빵하면 가열했을 때 찢어지니 주의한다.

44 망 위에 늘어놓고 냉장고에서 1시간 정도 두어 표면을 말린다.

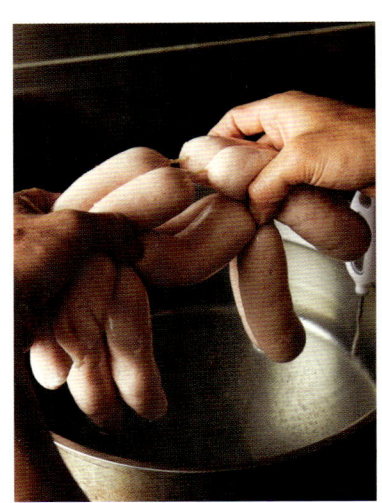
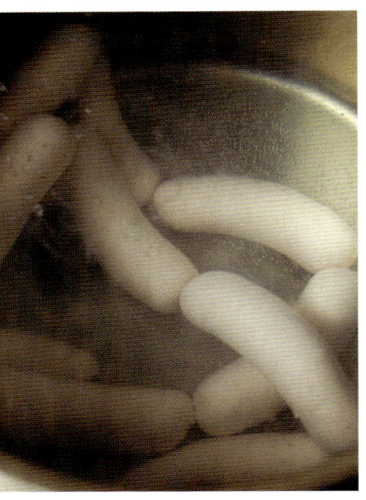

45 80℃로 데운 물에 넣어 80℃를 유지하면서 삶는다.

46 20분 정도 삶은 후 건져서 배트에 두고 상온에서 식힌다. 식으면 냉장고에 보관한다. 먹을 때는 기름을 얇게 두른 프라이팬에서 약한 중불로 노릇노릇하게 구워서 내놓는다(오른쪽 페이지 참조).

부뎅 누아

Boudin noir

부뎅 누아는 돼지피로 만든 소시지이다.
생명체의 피를 음식으로 만든 인간의 지혜와 돼지라는 생물의 유용성에 탄복하는 요리이며, 프랑스 식문화의 상징이다.
고기에 피를 섞는 것이 아니라 피와 지방을 주체로 굳히는 방법을 생각해낸 집념이 감탄스럽다.
기본적으로 구워서 사과 퓨레를 곁들여 제공한다.

재료 (80g 약 30개분)

돼지 등 지방 —— 250g

돼지피 —— 1ℓ

향미 채소
- 양파 —— 500g
- 마늘 —— 30g
- 파슬리 —— 40g

생크림 —— 450㎖

조미료
- 소금 —— 37g
- 흰 후추 —— 6g
- 육두구 —— 3g
- 카트르 에피스 —— 3g

콘스타치(옥수수 전분) —— 30g

돼지 창자 —— 1개

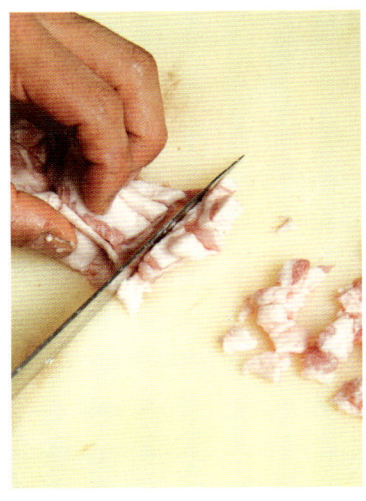

1 돼지 등 지방은 1cm로 네모나게 썬다.

2 향미 채소(양파, 마늘, 파슬리)를 푸드 프로세서에 갈아 잘게 다진다.

3 평평한 냄비에서 1을 익히고 2를 넣어 충분히 볶는다. 채소가 완전히 익지 않으면 소시지로 보관하는 동안 발효되니 주의한다.

4 생크림과 조미료(소금, 흰 후추, 육두구, 카트르 에피스)를 넣고 섞으면서 끓인다.

5 동량의 물에 녹인 콘스타치를 넣어 섞고 걸쭉해지기 시작하면 불을 끈다.

6 돼지피를 체에 거르면서 넣는다. 덩어리가 들어있는 경우가 있으니 거르면서 넣는다.

7 섞으면서 잔열로 익히고 걸쭉해질 때까지 계속 섞는다.

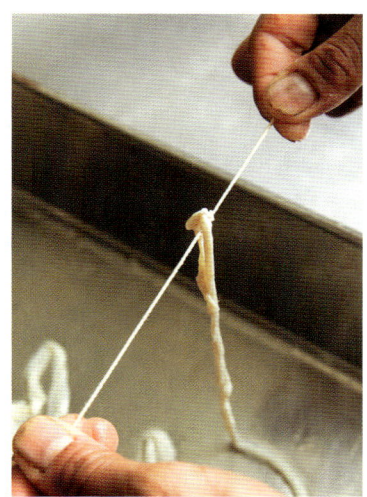 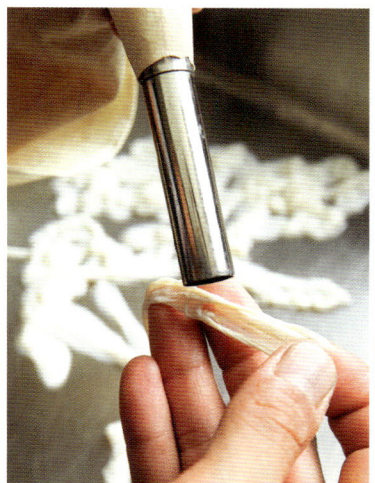

8 씻은 돼지 창자의 끝을 실로 묶는다.

9 짤주머니에 소시지용 깍지를 끼우고 8에서 묶지 않은 쪽을 끼운다. 스타킹을 신듯이 끌어당겨 올린다.

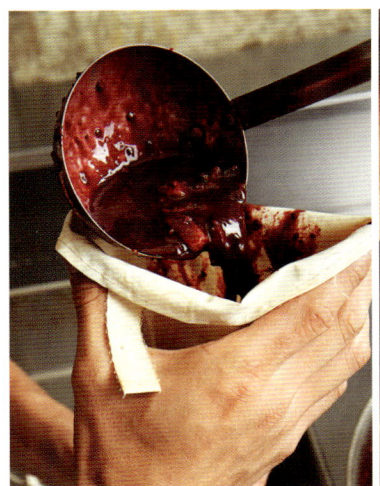  

10 짤주머니에 7을 넣고 돼지 창자를 수직으로 들어 올려서 흘려 넣는다.

11 다 넣으면 입구를 실로 묶어 고정한다.

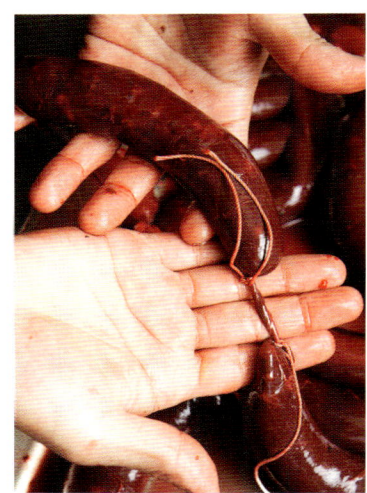 

12 약 8cm 간격으로 실로 묶는다. 손바닥에 얹었을 때 휠 정도의 여유를 둔다. 이때 너무 빵빵하면 가열했을 때 찢어지니 주의한다.

13 80℃로 데운 물에 넣는다. 80℃를 유지하면서 20분 정도 삶아 건진 후 배트에 두고 식힌다. 식으면 냉장고에 보관한다.

바질 소시지
Saucisses au basilic

심플하게 바질과 오레가노의 향을 살린 소시지이다.
그대로 구워 제공하거나 다른 요리에 활용하기도 쉽다.
건조 허브뿐 아니라 싱싱한 허브를 저며서 넣는 등 자유롭게 조합할 수 있다.

재료 (80g 20개분)

- 돼지다리살 — 2kg
- 돼지 등 지방 — 400g

조미료
- 소금 — 28g
- 검은 후추 — 4g
- 바질 플레이크 — 6g
- 오레가노 — 2g
- 갈릭 파우더 — 1g

- 간 얼음 — 200g
- 돼지 창자 — 1개
- 라드, 샐러드유 — 각각 적당량

만드는 법

1. 돼지다리살은 5cm로, 돼지 등 지방은 3cm로 모두 네모나게 썰어 전부 기계에 간다.

2. 1을 넓은 볼에 옮기고 조미료를 넣어 섞는다. 끈기가 생기면 간 얼음을 조금씩 넣고 전체적으로 끈적끈적해질 때까지 섞는다.

3. 짤주머니에 깍지를 끼우고 2를 채운다. 공기를 빼면서 조금씩 눌러 짜고 끝에서부터 제대로 나오는지 확인한다.

4. 깍지에 씻은 돼지 창자를 끼우고 반죽을 조금씩 눌러 채운다.

5. 다 채우면 약 8cm 간격으로 3회씩 비틀어 묶는다. 망 위에 늘어놓고 냉장고에서 1시간 정도 두어 표면을 말린다.

6. 깊은 냄비에 라드와 샐러드유를 절반씩 넣어 80℃로 데우고 5를 넣는다. 80℃를 유지하면서 20분 가열한다. 기름에서 꺼내 식히고 식으면 냉장고에 보관한다.

메르게즈
Merguez

쿠스쿠스(밀가루로 만든 좁쌀 모양의 알갱이에 고기나 채소 스튜를 곁들여 먹는 북아프리카의 전통 요리)에 곁들이는 양고기 베이스의 소시지이다. 마그레브(북서부 아프리카) 지역에서 생겨났으며 커민과 고수가 필수이다. 원래 돼지고기는 사용하지 않으며 소고기나 말고기를 넣고 양 창자에 채워 더 가늘고 길게 완성한다.

재료 (80g 30개분)

- 양다리살 — 2kg
- 돼지다리살 — 1kg
- 돼지 등 지방 — 1kg

조미료
- 소금 — 45g
- 검은 후추, 커민, 고수 — 각각 8g
- 파프리카 — 35g
- 갈릭 파우더 — 5g
- 카이엔 페퍼 — 4g
- 오레가노 — 6g
- 바질 — 2g
- 올리브오일 — 50㎖

- 레드와인 — 70㎖
- 간 얼음 — 500g
- 돼지 창자 — 1개
- 라드, 샐러드유 — 각각 적당량

만드는 법

1. 양다리살, 돼지다리살은 각각 5cm로, 돼지 등 지방은 3cm로 네모나게 썰어 전부 기계에 간다.
2. 1을 넓은 볼에 옮기고 끈기가 생길 때까지 섞는다. 끈적끈적해지면 조미료와 레드와인을 넣고 섞는다.
3. 간 얼음을 조금씩 넣고 전체적으로 끈적끈적해질 때까지 섞는다.
4. 짤주머니에 깍지를 끼우고 3을 채운다. 공기를 빼면서 조금씩 눌러 짜고 끝에서부터 제대로 나오는지 확인한다.
5. 깍지에 씻은 돼지 창자를 끼우고 반죽을 조금씩 눌러 채운다.
6. 다 채우면 약 8cm 간격으로 3회씩 비틀어 묶는다. 망 위에 늘어놓고 냉장고에서 1시간 정도 두어 표면을 말린다.
7. 깊은 냄비에 라드와 샐러드유를 절반씩 넣어 80℃로 데우고 6을 넣는다. 80℃를 유지하면서 20분 가열한다. 기름에서 꺼내 식히고 식으면 냉장고에 보관한다.

토마토 고추 소시지
Saucisses tomate et piment

바스크 지방의 향신료인 피망 데스플레트와 토마토는 궁합이 아주 좋다.
상큼한 신맛과 짜릿한 매운맛이 여름철에 잘 어울리며 다양하게 활용할 수 있다.
요리의 폭을 넓혀 주는 소시지이다.

재료 (80g 30개분)

돼지다리살 —— 2.5kg
돼지 등 지방 —— 500g
마늘 —— 3쪽
씨 없는 그린 올리브 —— 100g(고형량)
오일에 절인 반건조 토마토
 —— 75g(고형량)

조미료
 소금 —— 35g
 검은 후추 —— 5g
 토마토 페이스트 —— 100g
 오레가노 —— 5g
 카이엔 페퍼 —— 2g
 피망 데스플레트 —— 10g

간 얼음 —— 300g
돼지 창자 —— 1개
라드, 샐러드유 —— 각각 적당량

만드는 법

1. 돼지다리살은 5cm로, 돼지 등 지방은 3cm로 모두 네모나게 썬다.

2. 1, 마늘, 그린 올리브, 반건조 토마토를 기계에 간다.

3. 2를 넓은 볼에 옮기고 조미료를 넣어 섞는다. 끈기가 생기면 간 얼음을 조금씩 넣고 전체적으로 끈적끈적해질 때까지 섞는다.

4. 짤주머니에 깍지를 끼우고 3을 채운다. 공기를 빼면서 조금씩 눌러 짜고 끝에서부터 제대로 나오는지 확인한다.

5. 깍지에 씻은 돼지 창자를 끼우고 반죽을 조금씩 눌러 채운다.

6. 다 채우면 약 8cm 간격으로 3회씩 비틀어 묶는다. 망 위에 늘어놓고 냉장고에서 1시간 정도 두어 표면을 말린다.

7. 깊은 냄비에 라드와 샐러드유를 절반씩 넣어 80℃로 데우고 6을 넣는다. 80℃를 유지하면서 20분 가열한다. 기름에서 꺼내 식히고 식으면 냉장고에 보관한다.

올리브를 넣은 유기농 소고기 소시지
Saucisses de bœuf bio aux olives

목초를 먹고 자란 소의 살코기는 샤르퀴트리에 안성맞춤이다.
소고기를 넣으면 식감도, 맛도 좋아지고 짭짤한 검은 올리브의 감칠맛이 살아난다.

재료 (80g 30개분)

- 소다리살 — 500g
- 돼지다리살 — 1kg
- 돼지 등 지방 — 800g
- 씨 없는 검은 올리브 — 150g

조미료
- 소금 — 52g
- 검은 후추 — 3g
- 갈릭 파우더 — 1g
- 아니스 — 1g
- 고수 — 1g
- 오레가노 — 1g
- 에르브 드 프로방스 — 1g

- 간 얼음 — 400g
- 돼지 창자 — 1개
- 라드, 샐러드유 — 각각 적당량

만드는 법

1. 소다리살, 돼지다리살은 각각 5cm로, 돼지 등 지방은 3cm로 모두 네모나게 썬다.
2. 1과 검은 올리브를 전부 기계에 간다.
3. 2를 넓은 볼에 옮기고 조미료를 넣어 섞는다.
4. 3에 간 얼음을 조금씩 넣고 전체적으로 끈적끈적해질 때까지 섞는다.
5. 짤주머니에 깍지를 끼우고 4를 채운다. 공기를 빼면서 조금씩 눌러 짜고 끝에서부터 제대로 나오는지 확인한다.
6. 깍지에 씻은 돼지 창자를 끼우고 반죽을 조금씩 눌러 채운다.
7. 다 채우면 약 8cm 간격으로 3회씩 비틀어 묶는다. 망 위에 늘어놓고 냉장고에서 1시간 정도 두어 표면을 말린다.
8. 깊은 냄비에 라드와 샐러드유를 절반씩 넣어 80℃로 데우고 7을 넣는다. 80℃를 유지하면서 20분 가열한다. 기름에서 꺼내 식히고 식으면 냉장고에 보관한다.

제2장 소시지와 살라미

닭 연골 소시지
Saucisses au cartilage yagen

여기서 말하는 닭 연골이란 닭의 가슴뼈 끝에 있는 Y자형 연골을 말한다.
오븐에서 구우면 고소한 향이 나고 오도독한 식감을 소시지의 포인트로 즐길 수 있다.

재료 (80g 20개분)

돼지다리살 —— 900g
닭가슴살 —— 600g
돼지 등 지방 —— 600g
마늘 —— 3쪽

가르니튀르
　닭 연골 —— 500g
　소금 —— 5g
　카트르 에피스 —— 1g

조미료
　소금 —— 30g
　검은 후추 —— 3g
　세이지 —— 7g
　카트르 에피스 —— 6g

간 얼음 —— 150g
돼지 창자 —— 1개
라드, 샐러드유 —— 각각 적당량

만드는 법

1. 닭 연골은 소금과 카트르 에피스를 묻혀 180℃의 오븐에서 가볍게 색이 날 정도로 구운 후 냉장고에서 충분히 식힌다.
2. 돼지다리살, 닭가슴살은 5cm로, 돼지 등 지방은 3cm로 모두 네모나게 썬다.
3. 1, 2, 마늘을 전부 기계에 간다.
4. 3을 넓은 볼에 옮기고 조미료를 넣어 섞는다. 간 얼음을 조금씩 넣고 전체적으로 끈적끈적해질 때까지 섞는다.
5. 짤주머니에 깍지를 끼우고 4를 채운다. 공기를 빼면서 조금씩 눌러 짜고 끝에서부터 제대로 나오는지 확인한다.
6. 깍지에 씻은 돼지 창자를 끼우고 반죽을 조금씩 눌러 채운다.
7. 다 채우면 약 8cm 간격으로 3회씩 비틀어 묶는다. 망 위에 늘어놓고 냉장고에서 1시간 정도 두어 표면을 말린다.
8. 깊은 냄비에 라드와 샐러드유를 절반씩 넣어 80℃로 데우고 7을 넣는다. 80℃를 유지하면서 20분 가열한다. 기름에서 꺼내 식힌 후 완전히 식으면 냉장고에 보관한다.

호박 부댕 블랑
Boudin blanc au kabocha

소시지에 채소를 넣는다는 발상은 있을 법하지만 지금까지 별로 없었다.
그러나 부드러운 페이스트 형태로 만드는 부댕이라면 가능하다.
호박의 단맛이 은은히 퍼진다.

재료 (80g 20개분)

돼지다리살, 닭가슴살 — 각각 1kg
돼지 등 지방 — 200g

조미료
- 소금 — 50g
- 흰 후추 — 6g
- 정향 — 2g
- 커민 — 6g
- 강황 — 6g

달걀흰자 — 150g
생크림 — 200ml

가르니튀르
- 호박 — 500g
- 양파 — 2개
- 버터 — 100g
- 설탕 — 적당량
- 소금 — 10g

돼지 창자 — 1개

만드는 법

1. 가르니튀르를 준비한다. 냄비에 버터를 녹이고 얇게 썬 양파를 볶다가 흐물흐물해지면 소금을 뿌린다. 껍질을 벗겨 큼직하게 썬 호박과 설탕을 넣고 센 불에서 볶는다. 물을 약간 넣어 뚜껑을 덮고 푹 익을 때까지 찐 후 냉장고에서 식힌다.

2. 돼지다리살, 닭가슴살은 5cm로, 돼지 등 지방은 3cm로 모두 네모나게 썰어 전부 기계에 간다.

3. 2를 넓은 볼에 옮기고 1과 조미료를 넣어 섞는다. 세 번에 걸쳐 푸드 프로세서에 넣고 달걀흰자, 생크림을 1/3씩 넣어 무스 형태로 만든다.

4. 짤주머니에 깍지를 끼우고 3을 채운다. 공기를 빼면서 조금씩 눌러 짜고 끝에서부터 제대로 나오는지 확인한다.

5. 깍지에 씻은 돼지 창자를 끼우고 반죽을 조금씩 눌러 채운다.

6. 다 채우면 약 8cm 간격으로 3회씩 비틀어 묶는다. 망 위에 늘어놓고 냉장고에서 1시간 정도 두어 표면을 말린다.

7. 깊은 냄비에 물을 넣어 80℃로 데우고 6을 넣는다. 80℃를 유지하면서 30~40분 가열한다. 식으면 냉장고에 보관한다.

※ 설탕량은 호박의 단맛을 보고 조절한다.

에조사슴 부뎅 누아
Boudin noir au cerf d'Ezo

바스크 지방의 돼지고기 생산자이자 샤르퀴트리의 장인인 오테이자 씨가 최근 부뎅 누아에 고기와 리예트를 섞어 만든 진화된 소시지에서 비롯된 요리이다. 짤막하게 만든 이유는 맛이 진하기 때문이다.

재료 (50g 60개분)

- 에조사슴다리살 — 1kg
- 돼지다리살 — 1kg
- 돼지 등 지방 — 1kg
- 양파 — 1kg
- 돼지피 — 500㎖

조미료
- 소금 — 50g
- 육두구 — 5g
- 파프리카 — 4g
- 검은 후추 — 8g
- 카트르 에피스 — 3g
- 갈릭 파우더 — 3g

- 간 얼음 — 150g
- 돼지 창자 — 1개
- 라드, 샐러드유 — 각각 적당량

만드는 법

1. 냄비에 샐러드유를 소량 데우고 얇게 썬 양파를 갈색이 될 때까지 볶은 후 식힌다.
2. 에조사슴다리살, 돼지다리살은 5cm로, 돼지 등 지방은 3cm로 네모나게 썬다.
3. 1, 2를 전부 기계에 간다.
4. 3을 넓은 볼에 옮기고 돼지피, 조미료를 넣어 끈기가 생길 때까지 섞는다. 이어서 간 얼음을 조금씩 넣고 전체적으로 끈적끈적해질 때까지 섞는다.
5. 짤주머니에 깍지를 끼우고 4를 채운다. 공기를 빼면서 조금씩 눌러 짜고 끝에서부터 제대로 나오는지 확인한다.
6. 깍지에 씻은 돼지 창자를 끼우고 반죽을 조금씩 눌러 채운다.
7. 다 채우면 약 6cm 간격으로 3회씩 비틀어 묶는다. 망 위에 늘어놓고 냉장고에서 1시간 정도 두어 표면을 말린다.
8. 깊은 냄비에 라드와 샐러드유를 절반씩 넣어 80℃로 데우고 7을 넣는다. 80℃를 유지하면서 20분 가열한다. 기름에서 꺼내 식힌 후 완전히 식으면 냉장고에 보관한다.

코르니숑 소시지
Saucisses aux cornichons

케이퍼와 코르니숑(프랑스식 오이 피클)을 넣으면 상큼한 신맛과 염분이 돋보이는 여름용 소시지가 된다. 끓인 요리에 사용해도 신맛이 적당히 들어 세련된 느낌이다.

재료 (80g 20개분)

- 돼지다리살 — 2kg
- 돼지 등 지방 — 600g
- 케이퍼 — 100g
- 코르니숑 — 100g

조미료
- 소금 — 30g
- 검은 후추 — 4g
- 갈릭 파우더 — 1g
- 오레가노 — 2g
- 겨자씨 — 20g
- 가루 와사비 — 2g

- 간 얼음 — 200g
- 돼지 창자 — 1개
- 라드, 샐러드유 — 각각 적당량

만드는 법

1. 돼지다리살은 5cm로, 돼지 등 지방은 3cm로 모두 네모나게 썬 다음 물기를 뺀 케이퍼, 코르니숑을 넣어 기계에 간다.

2. 1을 넓은 볼에 옮기고 조미료를 넣어 섞는다. 끈기가 생기면 간 얼음을 조금씩 넣고 전체적으로 끈적끈적해질 때까지 섞는다.

3. 짤주머니에 깍지를 끼우고 2를 채운다. 공기를 빼면서 조금씩 눌러 짜고 끝에서부터 제대로 나오는지 확인한다.

4. 깍지에 씻은 돼지 창자를 끼우고 반죽을 조금씩 눌러 채운다.

5. 다 채우면 약 8cm 간격으로 3회씩 비틀어 묶는다. 망 위에 늘어놓고 냉장고에서 1시간 정도 두어 표면을 말린다.

6. 깊은 냄비에 라드와 샐러드유를 절반씩 넣어 80℃로 데우고 5를 넣는다. 80℃를 유지하면서 20분 가열한다. 기름에서 꺼내 식힌 후 완전히 식으면 냉장고에 보관한다.

모르타델라
Mortadelle

이탈리아의 에밀리아로마냐 주에서 생긴 소시지이다.
돼지고기 베이스의 부드러운 파르스 안에 원래는 돼지 목의 비계를 넣는다. 하지만 나는 네모나게 썬 돼지다리살을 재워서 넣었다.
돼지고기만 넣고 삶아서 완성하기 때문에 맛도 담백하다. 물론 소고기나 다른 고기를 사용해도 된다.
설탕이 발색제 역할을 하여 연한 핑크색이 자연스럽고 아름답다.

재료 (지름 12cm인 케이싱 2개분)

파르스
- 돼지다리살 —— 1kg
- 돼지 등 지방 —— 600g
- 소금 —— 4g
- 흰 후추 —— 3g
- 육두구 —— 2g
- 고수 —— 2g

얼음 —— 400g

콘스타치 —— 50g

가르니튀르
- 돼지다리살 —— 1.5kg
- 소금 —— 20g
- 설탕 —— 5g
- 흰 후추 —— 4g
- 육두구 —— 2g
- 시나몬 —— 1g
- 고수 —— 2g

인공 케이싱(12cm) —— 2개

1 가르니튀르를 준비한다. 돼지다리살은 3cm로 네모나게 썰고 소금, 설탕, 흰 후추, 육두구, 시나몬, 고수를 묻혀 하룻밤 냉장고에 둔다.

2 파르스용 돼지다리살은 5cm로, 돼지 등지방은 3cm로 모두 네모나게 썰어 전부 기계에 간다.

3 그대로 믹서용 장치를 끼운 후 파르스용 소금, 흰 후추, 육두구, 고수를 넣고 섞는다.

4 푸드 프로세서에 옮기고 간 얼음을 조금씩 넣어 끈기가 생길 때까지 충분히 섞는다.

5 콘스타치를 두 번에 나누어 넣고 부드러워질 때까지 섞는다.

6 5를 넓은 볼에 옮기고 1을 넣는다. 가르니튀르가 균일하게 섞이고 전체적으로 끈적끈적해질 때까지 재빨리 섞는다.

7 인공 케이싱을 물에 담가 불린다.

  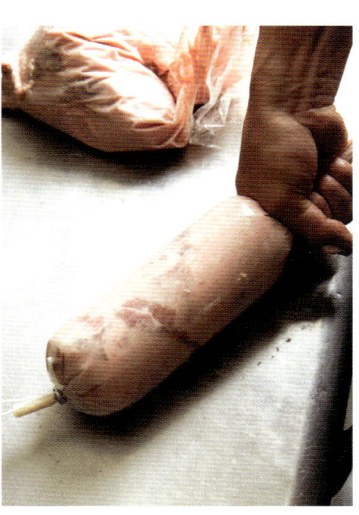

8 6의 반죽을 먼저 진공 팩에 넣고 봉지의 끝부분을 잘라 케이싱에 짠다. 가르니튀르가 크기 때문에 짤주머니용 깍지를 끼우지 않고 진공 팩으로 대용하는데, 소시지용 기계가 있으면 사용해도 된다.

9 케이싱의 80% 정도까지 눌러 짜고 공기를 빼면서 꽉 채운다.

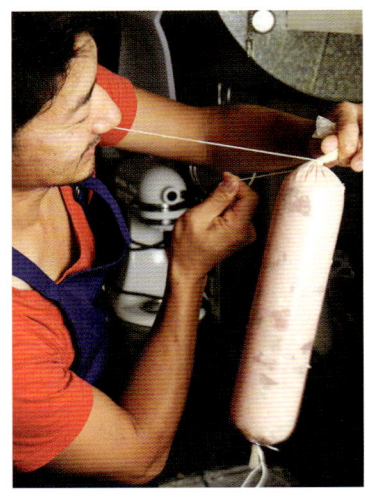
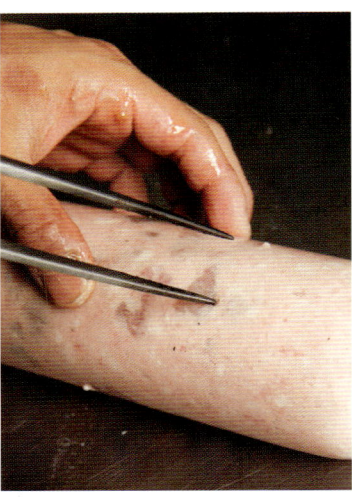

10 실 끝을 입에 물고 서너 번 빙글빙글 감아 묶는다.

11 공기가 들어있는 부분이 있으면 뾰족한 꼬챙이나 고기용 포크로 찔러 공기를 뺀다.

12 깊은 냄비에 80% 정도 물을 넣고 80℃로 데워서 11을 넣는다.

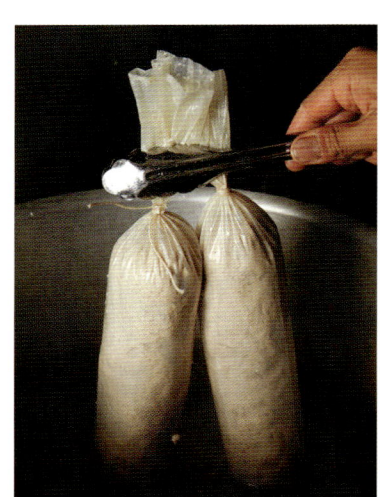

13 80℃를 유지하면서 20분 가열한다. 꺼내서 배트에 두고 상온에서 식힌다. 식으면 냉장고에 보관한다.

살라미
Salami

살라미는 이탈리아에서 생겨난 건조 소시지의 일종이다. 원래는 창자를 채운 후 장기 건조 숙성시킨 것인데, 지금은 말리기 전에 굽는 등 가열한 것도 살라미의 범주에 포함된다.

고온다습한 일본에서는 생살라미를 첨가물 없이 만들기에는 온습도 관리가 어렵다. 또 많은 시간과 공간이 필요하다. 하지만 여기에서 제시한 제조법은 가장 빠르면 바로 다음날 제공할 수 있고 상할 위험도 낮다. 물론 케이싱이 아니라 돼지 창자로도 가능하다.

이 레시피는 소고기를 넣은 초리조(스페인이나 라틴 아메리카의 양념을 많이 한 소시지) 배합이 기본이다. 겉의 흰 가루는 밀가루인데 저온에서(냉장고에서 냉기를 맞으며) 숙성시키는 동안 여분의 지방이나 수분을 흡수하는 역할을 한다. 이외에 향신료나 허브를 묻히는 등 다양하게 변형시킬 수 있다.

재료 (지름 7.5cm인 인공 케이싱 3개분)

소다리살 — 1kg
돼지다리살 — 2.5kg
돼지 등 지방 — 500g

조미료
　소금 — 75g
　검은 후추 — 7g
　시나몬 — 3g
　카이엔 페퍼 — 3g
　파프리카 — 10g

올리브오일 — 30㎖
인공 케이싱(지름 7.5cm) — 3개
밀가루 — 적당량

1 소다리살과 돼지다리살은 5cm로, 돼지 등 지방은 3cm로 모두 네모나게 썰어 전부 기계에 간다. 고기는 얼기 직전까지 차갑게 해둔다.

2 그대로 믹서용 장치를 끼운 후 올리브오일과 조미료를 넣고 섞는다.

3 끈기가 생기고 전체적으로 끈적끈적해질 때까지 충분히 섞는다.

4 인공 케이싱을 물에 불린다.

5 짤주머니에 깍지를 끼우고 3을 채운다. 조금씩 눌러 짜고 끝에서부터 제대로 나오는지 확인한다.

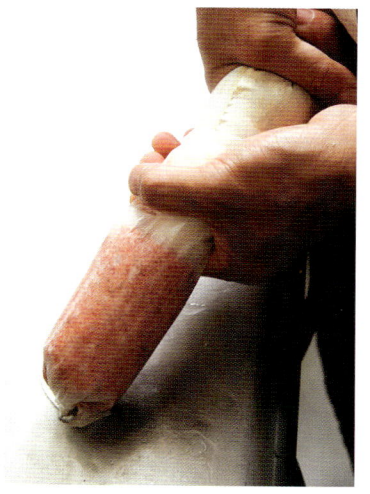 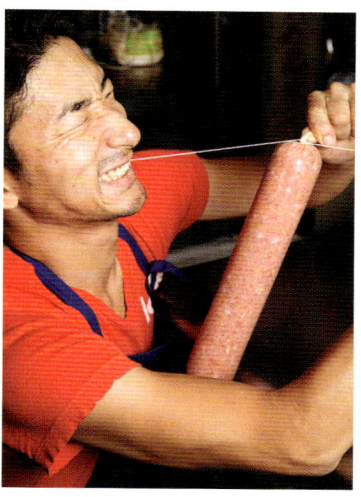 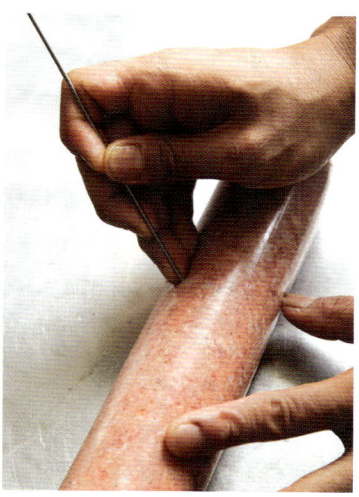

6 깍지에 케이싱을 끼우고 깍지 부분을 누르면서 힘주어 조금씩 짠다. 케이싱의 80%가 될 때까지 채운다.

7 실 끝을 입에 물고 서너 번 빙글빙글 감아 묶는다.

8 공기가 들어있는 부분이 있으면 뾰족한 꼬챙이나 고기용 포크로 찔러 공기를 뺀다.

9 8을 오븐용 팬에 올린 망 위에 올리고 130℃의 오븐에서 30분 구운 다음, 그대로 배트에 올려 식힌다.

10 잔열이 식으면 케이싱을 제거하고 전면에 밀가루를 묻힌다.

11 망 위에 얹어 냉장고에 넣고 일주일 숙성시킨다.

고르곤졸라 치즈를 넣은 피스타치오 살라미
Salami pistaches et gorgonzola

고르곤졸라 치즈를 넣어 끈끈하고 감칠맛 있는 반죽과 겉에 잘게 부수어 묻힌 넛류의 고소한 향을 느낄 수 있는 애피타이저용 요리이다.

재료 (지름 7.5cm인 인공 케이싱 3개분)

- 돼지다리살 — 2kg
- 돼지 등 지방 — 500g
- 고르곤졸라 치즈 — 250g

조미료
- 소금 — 24g
- 카트르 에피스 — 8g
- 검은 후추 — 8g

- 브랜디 — 200㎖
- 피스타치오 — 적당량
- 호두 — 적당량
- 아몬드 — 적당량
- 인공 케이싱(지름 7.5cm) — 3개

만드는 법

1. 돼지다리살은 5cm로, 돼지 등 지방은 3cm로 모두 네모나게 썰어 전부 기계에 간다.
2. 그대로 믹서용 장치를 끼운 후 1cm로 네모나게 썬 고르곤졸라 치즈와 조미료, 브랜디를 넣고 끈기가 생길 때까지 섞는다.
3. 인공 케이싱을 물에 불린다.
4. 짤주머니에 깍지를 끼우고 2를 채운다. 조금씩 눌러 짜고 제대로 나오는지 확인한다.
5. 3의 인공 케이싱을 끼우고 반죽을 조금씩 눌러 짠다. 다 짜면 끝을 실로 꽉 묶고 꼬챙이로 찔러 공기를 뺀다.
6. 5를 130℃의 오븐에 넣고 30분 구운 후 꺼내어 식힌다.
7. 피스타치오, 호두, 아몬드를 저온 오븐에서 굽고 푸드 프로세서에 간다.
8. 6이 식으면 케이싱을 제거하고 겉에 7을 묻힌다. 냉장고에서 일주일 숙성시킨다.

※ 소금기가 강한 치즈를 넣기 때문에 염분은 줄인다.

에조사슴 살라미
Salami au cerf d'Ezo

살코기가 돋보이는 사슴고기와 소고기를 절반씩 섞어 향신료를 추가하여 만들었다.
거기에 굵게 간 검은 후추를 묻혀 풍미를 더해주었다.

재료 (지름 7.5cm인 인공 케이싱 2개분)

- 에조사슴다리살 — 1kg
- 우삼겹살 — 1kg
- 조미료
  - 소금 — 40g
  - 검은 후추 — 3g
  - 카이엔 페퍼 — 5g
  - 파프리카 — 12g
  - 갈릭 파우더 — 4g
  - 에르브 드 프로방스 — 2.5g
  - 칠리 파우더 — 5g
- 브랜디 — 30㎖
- 굵게 간 검은 후추 — 적당량
- 인공 케이싱(지름 7.5cm) — 3개

만드는 법

1. 사슴다리살, 우삼겹살은 각각 5cm로 네모나게 썰고 전부 기계에 간다.
2. 그대로 믹서용 장치를 끼운 후 끈기가 생길 때까지 섞는다. 끈기가 생기면 조미료와 브랜디를 넣고 끈적끈적해질 때까지 잘 섞는다.
3. 인공 케이싱을 물에 불린다.
4. 짤주머니에 깍지를 끼우고 2를 채운다. 조금씩 눌러 짜고 제대로 나오는지 확인한다.
5. 3의 인공 케이싱을 끼우고 반죽을 조금씩 눌러 짠다. 다 짜면 끝을 실로 꽉 묶고 꼬챙이로 찔러 공기를 뺀다.
6. 130℃의 오븐에 넣고 30분 구운 후 꺼내어 식힌다.
7. 식으면 케이싱을 제거하고 겉에 굵게 간 검은 후추를 묻힌다. 냉장고에서 일주일 숙성시킨다.

향초 빵가루를 뿌려 구운 앙두예트와 여름 채소 그라탱

p.076
앙두예트
사용

식감도, 향도 샤르퀴트리다운 개성 강한 소시지도 여름 채소와 조합하면 담백한 맛으로 즐길 수 있다.

재료 (2인분)

- 앙두예트 — 2개
- 머스터드 — 적당량
- 향초 빵가루
  - 빵가루 — 3큰술
  - 다진 파슬리 — 2큰술
  - 다진 마늘 — 1작은술
- 양파 — 2개
- 주키니, 가지 — 각각 1개
- 토마토 — 1개
- 올리브오일 — 2큰술
- 타임 — 2줄기
- 다진 마늘 — 약간
- 소금, 후추 — 각각 약간

만드는 법

1. 빵가루와 파슬리, 마늘을 푸드 프로세서에 갈아 향초 빵가루를 만든다.
2. 앙두예트에 머스터드를 바르고 1을 얹는다.
3. 양파는 얇게 썰고 올리브오일에 갈색이 될 때까지 볶는다.
4. 가지와 주키니는 줄무늬 모양으로 껍질을 벗기고 3mm 두께로 썬다. 토마토는 반으로 썰고 동일하게 3mm 두께로 썬다.
5. 내열용기에 3을 깔고 4의 채소를 세워 늘어놓는다. 올리브오일을 약간 (분량 외) 두르고 타임 줄기와 마늘을 뿌린 다음 소금과 후추를 뿌린다. 2를 얹어 220℃의 오븐에서 20분 굽는다.

p.088
부뎅 누아
사용

부뎅 누아와 사과 타르트

피순대 같은 특유의 맛이 나는 부뎅 누아와 새콤달콤한 사과의 조합은 정석이다.
얇게 썬 사과를 겹쳐 타르트로 구우면 훨씬 먹기 편한 요리가 된다.

재료 (지름 24cm인 타르트틀 1대분)

- 부뎅 누아 — 3개
- 파트 브리제(▶P22) — 260g
- 달걀노른자 — 1개분
- 아파레이유 (필링)
  - 달걀 — 2개
  - 생크림 — 360㎖
  - 소금, 흰 후추, 카트르 에피스 — 각각 적당량
- 사과 — 2개
- 버터 — 30g
- 그래뉴당 — 적당량
- 다진 파슬리 — 2큰술

만드는 법

1. 타르트틀은 냉동실에서 식혀둔다.
2. 파트 브리제는 2mm 두께로 늘리고 타르트틀에 깐다. 포크로 구멍을 내어 30분 정도 냉장고에서 휴지시킨다.
3. 2에 눌러 놓는 물건을 두고 180℃의 오븐에서 20분 정도 굽는다. 다 구우면 안쪽에 달걀노른자를 바르고 또 한 번 오븐에서 3분 정도 구워 달걀노른자를 익힌다. 이것은 구멍으로 아파레이유가 새지 않도록 하기 위한 작업이다.
4. 아파레이유를 만든다. 볼에 달걀을 풀고 생크림을 넣어 섞은 후 소금, 흰 후추, 카트르 에피스를 넣어 간을 맞춘다.
5. 사과는 껍질과 심을 제거하고 5mm 두께의 빗살 모양으로 썬다.
6. 돼지 창자 껍질을 제거한 부뎅 누아를 작게 썰어 3의 틀 전면에 뿌린다. 4를 흘려 넣고 5를 바퀴살 모양으로 깐다. 버터를 1cm로 네모나게 썰어서 뿌리고 그래뉴당을 뿌린 후 180℃의 오븐에서 25분 굽는다. 사과의 색이 부족하다 싶으면 버너에서 구워 색을 낸다. 완성되면 파슬리를 뿌린다.

건조 살구와 주키니를 곁들인
수제 소시지 타진

p.097, 098, 100
소시지 3종
사용

소시지를 가열할 때 삶지 않고 콩피로 완성하면 감칠맛이 그대로 남는다.
그래서 이런 끓인 요리에 사용하면 맛이 풍부해진다.
타진이란 고기와 채소를 넣은 모로코식 전통 수프를 말한다.

재료 (지름 24cm인 타진 냄비 1대분)

올리브를 넣은 유기농 소고기 소시지,
  닭 연골 소시지, 에조사슴 부댕 누아
  — 각각 2개
다진 양파 — 1개분
다진 마늘 — 2큰술
큼직하게 썬 토마토(중) — 2개분
주키니(대) — 1개
병아리콩 — 100g (하룻밤 물에 불린 후
  부드럽게 삶은 것)
건조 살구, 방울토마토 — 각각 8개
화이트와인 — 200㎖
올리브오일 — 50㎖
향신료
  │ 커민, 고수, 파프리카
  │   — 각각 1작은술
  │ 아니스 — 1/2작은술
다진 민트 — 1작은술
소금, 흰 후추 — 각각 적당량

만드는 법

1 타진 냄비에 올리브오일을 두르고 양파와 마늘을 넣어 볶는다.

2 흐물흐물해지면 토마토와 화이트와인을 넣고 토마토가 부서지지 않을 때까지 끓인다.

3 향신료를 뿌리고 둥글게 썬 주키니, 반으로 썬 소시지, 병아리콩, 세로로 반을 썬 방울토마토, 건조 살구를 넣어 가볍게 볶는다. 소금과 후추를 뿌리고 뚜껑을 덮어 약불에서 30분 익힌다. 뚜껑을 열고 민트를 뿌린다.

p.096
토마토
고추 소시지
사용

프레굴라와 펜넬을 곁들여 끓인
토마토 고추 소시지

프레굴라는 이탈리아 사르데냐의 명물 파스타이며 큼직한 쿠스쿠스처럼 생겼다.
이탈리아 남부를 떠올리게 하는 프레굴라를 펜넬과 함께 끓여 완성했다.

재료 (2인분)

- 토마토 고추 소시지 — 2개
- 프레굴라 — 100g
- 펜넬(소) — 1개
- 다진 마늘 — 1작은술
- 방울토마토 — 8개
- 올리브오일 — 30㎖
- 화이트와인 — 50㎖
- 닭 육수 — 150㎖
- 생크림 — 100㎖
- 레몬즙 — 약간
- 간 파르미자노 — 2큰술
- 소금, 흰 후추 — 각각 적당량

만드는 법

1. 프레굴라는 소금을 넣은 물에 삶는다.

2. 펜넬은 뿌리와 잎으로 나눈다. 뿌리는 세로로 얇게 썰고 잎은 5~6cm로 썬다. 뿌리의 두꺼운 부분은 반으로 썰고 잎은 잘게 다진다.

3. 평평한 냄비에 올리브오일과 마늘을 넣어 가열한다. 향이 나면 4등분한 소시지, 2의 펜넬 뿌리를 넣고 가볍게 볶는다.

4. 화이트와인과 닭 육수를 넣어 양이 반으로 줄어들 때까지 조린다.

5. 1, 꼭지를 딴 방울토마토, 2의 펜넬 잎, 생크림을 넣고 가볍게 조린 후 레몬즙, 소금, 후추로 조미하고 파르미자노를 뿌려 완성한다.

제 3 장
리예트와 콩피

콩피란 미리 재워서 간을 해 둔 육류를 80℃ 정도로 유지한 저온 기름에서 푹 가열하는 방법이다. 고기 속 수분을 줄이면서 감칠맛을 놓치지 않고 응축시켜 기름이 고기의 섬유질 깊숙이까지 파고든다. 표면은 기름으로 인해 공기와의 접촉이 차단되기 때문에 끓는 물이나 와인 등의 수분으로 가열하는 것보다 훨씬 덜 상한다. 또 오랫동안 끓이기 때문에 고기가 흐물흐물 부서지면서도 육즙을 머금은 독특한 식감을 만든다. 기름에 담가두는 것은 상온에서도 보관이 가능한, 특별하고 매우 훌륭한 조리법이자 저장 기술이다. 프랑스 요리의 깊이를 상징하는 지혜라고 할 수 있다.

리예트는 콩피와 마찬가지로 저온 기름에서 푹 끓인 고기에 끓인 기름을 섞은 후 부드러운 페이스트 상태로 만들거나 섬유질을 마구 찢어 만든 것이다. 만드는 사람에 따라 완성된 상태는 제각각이다. 하지만 콩피와 리예트 둘 다 기름에서 가열한다는 점은 똑같다. 조린 국물에 사용하는 기름은 기본적으로 동물성이며 몇 시간이나 끓이는 경우가 많다. 하지만 최근의 미식 트렌드에서는 이런 저장성을 목적으로 삼지 않고 콩피만의 독특한 풍미와 완성도를 얻기 위해 고기 이외의 채소나 어패류도 사용된다. 재료의 종류나 원하는 완성도에 따라 올리브오일을 사용하거나 단시간 내에 가열하는 등 그때그때 상황에 맞추어 조리하는 방식이 앞으로의 새로운 흐름이 될 것이다.

이 책에서 소개한 레시피는 기본적인 저장성이라는 목적이 있으며, 각각의 고기가 지니고 있는 감칠맛을 최대한 끌어낸 것이다. 깊고 풍부한 맛이 일품이다.

돼지 리예트

Rillettes de porc

일반적으로 돼지고기나 오리고기를 흐물흐물해질 때까지 기름에서 푹 끓인 후 페이스트 상태로 만든 것을 리예트라고 한다.

OGINO에서는 노릇노릇하게 구운 돼지다리살과 볶은 양파를 라드에서 푹 끓이고, 가열한 라드와 함께 페이스트 상태로 만드는 방법을 고수한다.

가열 후 고기와 조린 국물을 분리하여 각각 식혀서 굳힌 후 섞기 때문에 잘 뭉쳐지고 식감도 완전히 다르게 느껴진다.

여기에서는 돼지다리살을 사용했지만 기본적으로는 어느 부위도 가능하다. 매일 작업하다 나오는 돼지 힘줄이나 자투리 고기를 넣어도 상관없다. 정말 합리적인 조리법이어서 꼭 소개하고 싶다.

재료 (만들기 쉬운 분량)

돼지다리살 — 3kg

양파 — 1개

샐러드유 — 적당량

화이트와인 — 200㎖

라드 — 적당량

소금, 흰 후추 — 각각 적당량

1 깊은 냄비에 샐러드유를 두르고 얇게 썬 양파를 투명해질 때까지 볶는다.

2 돼지다리살은 5cm로 네모나게 썬다.

3 프라이팬에 1cm 깊이까지 샐러드유를 두르고 2의 돼지다리살을 넣어 튀기는 정도로 센불에서 노릇노릇하게 굽는다. 구워진 정도가 감칠맛의 기준이 된다.

4 3을 기름째 1에 넣는다.

5 화이트와인을 붓고 중불에 올린다. 이때 화이트와인은 쌉쌀한 맛을 고른다.

6 라드를 넣는다. 라드의 양은 녹았을 때 고기가 잠길 정도면 된다.

7 손가락으로 돼지고기를 눌렀을 때 부서질 정도로 부드러워질 때까지 1시간 30분~2시간 끓인다.

8 다른 냄비에 체를 얹고 7을 부어 고기를 꺼낸다.

9 실제로 고기를 만져보면 손으로 쉽게 바를 수 있다. 고기는 배트에 옮긴다.

10 8에서 다른 냄비에 거른 기름을 끓여 불순물을 제거하고 보관용기에 옮긴다.

11 고기와 기름은 하룻밤 냉장고에서 식힌다.

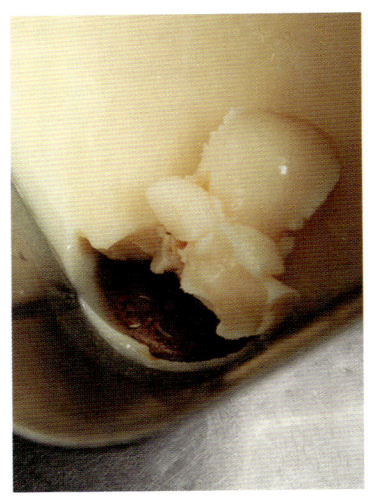

42 하룻밤 식혀 굳어진 기름 아래에는 고기의 감칠맛이 녹아 있는 조린 국물이 깔려 있다.

43 고기를 푸드 프로세서에 옮기고 끈기 있는 페이스트 상태로 만든다.

44 볼에 옮기고 42의 조린 국물을 조금씩 넣으면서 주걱으로 섞는다.

45 위에 굳어있는 기름을 전체량의 반 정도 넣어서 부드럽게 섞는다.

46 맛을 보면서 소금과 후추를 넣고 간을 맞춘다. 차가운 요리이므로 소금은 고기 1kg에 15g을 기준으로 넣고 맛을 보며 조절한다.

47 끈기가 있고 부드럽게 섞인 완성된 상태이다. 용기에 넣어 랩으로 밀폐시키고 냉장고에서 보관한다.

오리 리예트
Rillettes de canard

리예트는 돼지 외에도 오리, 닭, 토끼, 연어, 참치, 정어리 등 다양한 식재료로 만들 수 있다. 그 정도로 매력적인 조리법이자 요리이다. 오리 리예트도 그 중 하나이다. OGINO에서는 돼지 리예트와 완전히 같은 방법으로 만들었다.

재료 (만들기 쉬운 분량)

오리다리살 —— 3개
양파 —— 1개
샐러드유 —— 적당량
화이트와인 —— 100ml
라드 —— 적당량
소금, 흰 후추 —— 각각 적당량

1 깊은 냄비에 샐러드유를 두르고 얇게 썬 양파가 투명해질 때까지 볶는다.
2 프라이팬에 1cm 깊이까지 샐러드유를 두르고 오리고기를 껍질부터 넣어 센불에서 색이 날 때까지 굽는다. 뒷면도 노릇노릇하게 굽는다.
3 2를 기름째 1에 넣는다. 화이트와인을 붓고 중불에 올린다. 화이트와인은 드라이한 맛을 고른다.
4 다른 냄비에 라드를 가열하여 녹인 후 3에 넣는다. 라드의 양은 고기가 잠길 정도면 된다. 고기가 뼈에서 후루룩 떨어질 정도로 부드러워지게 1시간 끓인다.
5 다른 냄비에 체를 얹고 4를 붓는다. 다른 냄비에 거른 기름을 끓여 불순물을 제거하고 보관용기에 옮긴다.
6 오리고기와 기름은 하룻밤 냉장고에서 식힌다. 다음날 식은 고기를 찢어 푸드 프로세서에 옮긴다.
7 푸드 프로세서에서 6의 오리고기를 페이스트 상태로 만든다.
8 굳어 있는 6의 기름을 전체량의 반 정도 7에 넣어서 섞는다. 돼지 리예트와 달리 오리고기는 수분량이 적기 때문에 조린 국물은 아래에 깔리지 않고 기름에 섞인다.
9 맛을 보면서 소금과 후추를 넣는다. 끈기가 있고 부드러운 페이스트 상태로 완성한다. 차가운 요리이므로 소금은 완성된 리예트 1kg에 15g을 기준으로 넣고 맛을 보며 조절한다.

오리 콩피
Confit de canard

콩피는 원래 약 80℃의 저온 기름에서 푹 가열하는 방법을 말하는데, 요리의 명칭으로도 사용된다. 여기서 말하는 콩피는 후자이며, 메뉴명이 '오리 콩피'이다. 향신료와 허브로 만드는 소스에 재운 후 저온 기름에서 가열하여 완성한다. 잘 상하지 않으며 감칠맛도 녹아들어 있다. 프라이팬에서 껍질을 바삭바삭하게 구워 제공한다.

재료 (만들기 쉬운 분량)

오리다리살 — 3개

마리네이드 소스(고기 1kg에 필요한 양)
- 소금 — 19g
- 흰 통후추 — 5g
- 마늘 — 3쪽
- 고수(홀) — 20g
- 월계수잎 — 3장
- 정향 — 3개
- 물 — 50mℓ

라드, 샐러드유 — 각각 적당량

1 믹서에 마리네이드 소스와 물을 넣고 섞어서 마리네이드액을 만든다.

2 오리다리살을 1에 담그고 냉장고에서 하룻밤 재운다.

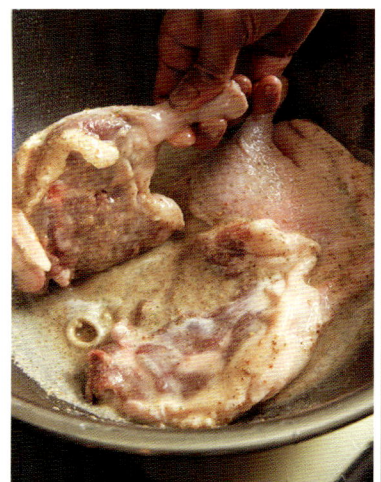 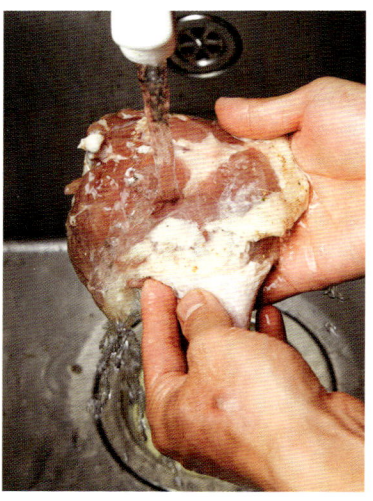 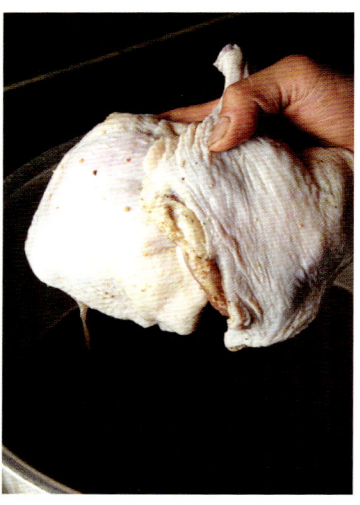

3 잘 재워지면 마리네이드액을 물에 씻어내고 물기를 닦아낸다.

4 깊은 냄비의 절반까지 라드와 샐러드유를 절반씩 넣어 가열한다. 80℃가 되면 3을 넣고 80℃를 유지하면서 1시간 가열한다.

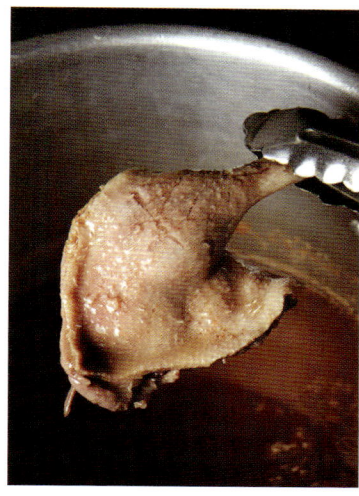 

5 꼬챙이로 찔렀을 때 쑥 들어갈 정도로 푹 익으면 건진다.

6 배트에 꺼내 잔열을 날리고 냉장고에서 보관한다.

토끼 콩피

Confit de lapin

내가 콩피 중에서 가장 좋아하는 것은 토끼 콩피이다. 담백하지만 바삭바삭하며 비계가 적은 고기에 기름기가 적당히 붙어 맛이 순하고, 요리를 했을 때 완성도가 높다.

오리와 달리 껍질이 없기 때문에 마지막에 프라이팬에서 구우면 딱딱해진다. 그래서 오븐에서 구워내는 경우가 많다.

버섯과 감자볶음 위에 올려서 오븐에 굽거나, 또 가볍게 끓이거나 고기를 발라내는 등 다양하게 변형시켜 먹을 수 있다.

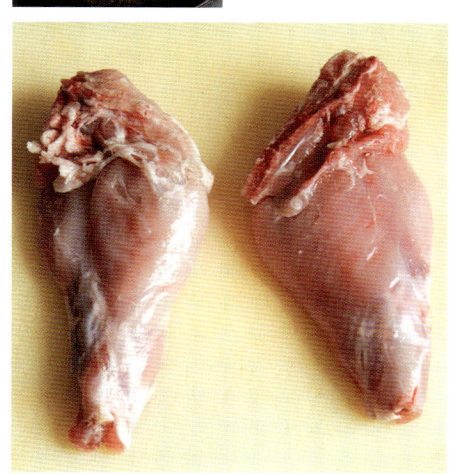

재료 (만들기 쉬운 분량)

토끼다리살 — 3개

마리네이드 소스(고기 1kg에 필요한 양)
- 소금 — 19g
- 흰 통후추 — 5g
- 마늘 — 3쪽
- 고수(홀) — 20g
- 월계수잎 — 3장
- 정향 — 3개
- 물 — 50㎖

라드, 샐러드유 — 각각 적당량

  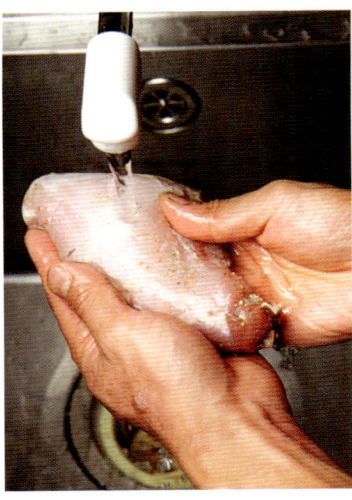

1 믹서에 마리네이드 소스와 물을 넣고 섞어서 마리네이드액을 만든다.

2 토끼고기를 1에 담그고 냉장고에서 하룻밤 재운다.

3 마리네이드액을 물에 씻어내고 물기를 닦아낸다.

 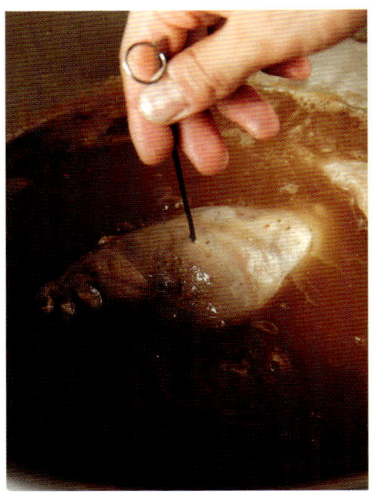

4 깊은 냄비의 절반까지 라드와 샐러드유를 절반씩 넣어 80℃로 가열한다. 3을 넣고 80℃를 유지하면서 1시간 가열한다.

5 꼬챙이로 찔렀을 때 쑥 들어갈 정도로 푹 익으면 건진다. 배트에 꺼내 잔열을 날리고 냉장고에서 보관한다.

돼지 혀 콩피
Langue de porc confite

같은 요리법을 돼지 혀에도 응용할 수 있다. 돼지 혀는 소 혀에 비해 저렴하게 구입할 수 있기 때문에 콩피로 만들어두면 애피타이저로 내놓을 수 있어 편리하다.
재워두었다가 기름에서 가열하기만 하는 심플한 방법으로 만들 수 있는 점이 좋다.

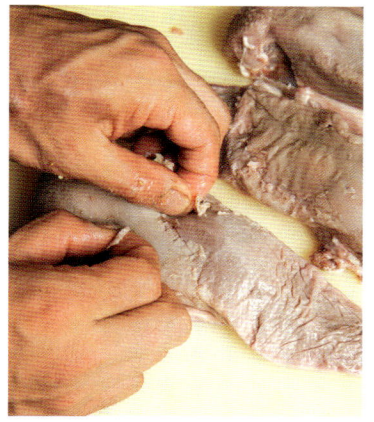

재료 (만들기 쉬운 분량)

돼지 혀 ─ 3개

마리네이드 소스 (고기 1kg에 필요한 양)
- 소금 ─ 19g
- 마늘 ─ 3쪽
- 흰 통후추 ─ 5g
- 고수(홀) ─ 20g
- 월계수잎 ─ 3장
- 정향 ─ 3개
- 물 ─ 50mℓ

라드, 샐러드유 ─ 각각 적당량

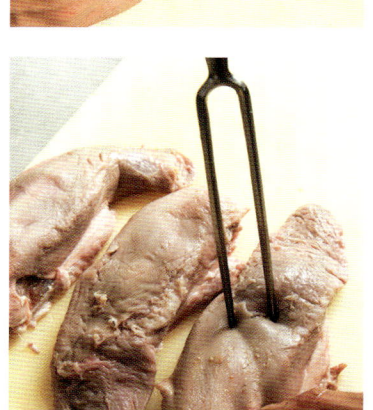

1. 믹서에 마리네이드 소스를 넣고 섞어서 마리네이드액을 만든다.
2. 돼지 혀는 끓는 물에 삶은 상태로 팔기 때문에 남아 있는 껍질이나 힘줄을 정성스레 제거한다.
3. 간이 잘 배도록 전면에 고기용 포크로 구멍을 뚫는다.
4. 3을 1에 담가 냉장고에서 하룻밤 재운다.
5. 마리네이드액을 물에 씻어내고 물기를 닦아낸다.
6. 깊은 냄비의 절반까지 라드와 샐러드유를 절반씩 넣어 가열하고 80℃로 데워 5를 넣는다.
7. 80℃를 유지하면서 1시간 가열한다.
8. 꼬챙이로 찔렀을 때 쑥 들어갈 정도로 푹 익으면 건진다. 배트에 꺼내 잔열을 날리고 냉장고에서 보관한다.

닭 모래집 콩피
Gésiers confits

프랑스에서는 '제지에gésier'라고 하여 친숙한 닭 모래집.
매콤한 마리네이드 소스로 간을 맞춘 후 콩피로 만든 이 요리는
'table ogino'에서도 인기 있는 메뉴이다.
오도독거리는 독특한 식감과 함께 맥주를 부르는 맛이다.

재료 (만들기 쉬운 분량)

닭 모래집 —— 1kg

마리네이드 소스 (고기 1kg에 필요한 양)
- 소금 —— 19g
- 검은 후추 —— 4g
- 칠리 파우더 —— 5g
- 고수 —— 3g
- 다진 마늘 —— 3쪽분

라드, 샐러드유 —— 각각 적당량

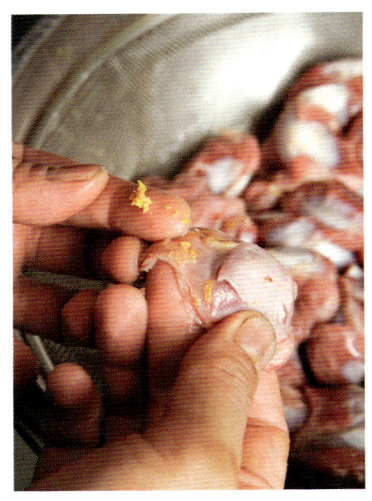  

1 닭 모래집은 이음매 부분을 뒤집어 안에 들어있는 불순물을 제거한다.

2 마리네이드 소스를 묻히고 손으로 잘 버무린다. 냉장고에 하룻밤 두고 재운다.

3 깊은 냄비의 절반까지 라드와 샐러드유를 절반씩 넣어 가열하고 80℃로 데운다. 2를 넣고 80℃로 1시간 30분~2시간 가열한다.

4 꼬챙이로 찔렀을 때 쑥 들어갈 정도로 푹 익으면 건진다. 배트에 꺼내 잔열을 날리고 냉장고에서 보관한다.

p140
닭 모래집 콩피
사용

닭 모래집 콩피와
라타투이를 넣은 달걀 그라탱

저장하기 편한 요리로 조합할 수 있는 일품요리 레시피를 기억해두면 좋다.
라타투이를 넣어 오븐에서 굽기만 하면 색다른 차원의 요리가 된다.

재료 (2~3인분)

- 닭 모래집 콩피 — 4개
- 라타투이 — 200g
- 달걀 — 1개
- 마늘 — 적당량
- 타임 — 2줄기
- 올리브오일 — 2큰술
- 피망 데스플레트 — 적당량

만드는 법

1. 내열용기에 마늘 단면을 문질러 향을 낸다.
2. 닭 모래집 콩피는 반으로 썬다.
3. 1에 라타투이를 넣고 2를 균등하게 얹는다. 타임잎 끝과 피망 데스플레트를 뿌리고 가운데에 달걀을 깨서 얹는다. 올리브오일을 뿌리고 220℃의 오븐에서 10분 굽는다. 마무리로 다시 피망 데스플레트를 뿌려 제공한다.

계절 채소 머스터드를 곁들인
토끼 콩피

토끼 콩피
사용

'콩피로 어떤 요리를 만들까?' 하는 질문에 답이 될 만한 요리이다.
구운 고기로는 낼 수 없는 부드러운 질감과 소스의 궁합이 절묘하다.

재료 (2인분)

토끼 콩피 ─ 2개
채소
　　순무 ─ 2개
　　당근 ─ 1/2개
　　강낭콩 ─ 10개
　　껍질콩 ─ 6개
　　파프리카(빨간색, 노란색) ─ 각각 1/2개
　　양송이버섯(소) ─ 12개
닭 육수 ─ 400㎖
생크림 ─ 100㎖
머스터드 ─ 2큰술
다진 파슬리 ─ 2큰술
피망 데스플레트 ─ 1/4작은술
올리브오일 ─ 2큰술
소금, 흰 후추 ─ 각각 약간

만드는 법

1　채소는 각각 껍질이나 심지를 제거하여 손질하고 한입 크기로 썬다.

2　토끼 콩피는 올리브오일을 두르고 250℃의 오븐에서 10분 굽는다.

3　냄비에 닭 육수와 1의 채소를 넣고 부드러워질 때까지 끓이면서 국물이 약 1/3이 될 때까지 조린다.

4　거기에 생크림을 넣고 또 양이 절반으로 줄어들 때까지 조린다.

5　불을 끄고 머스터드를 넣어 섞은 후 파슬리와 피망 데스플레트, 소금, 후추를 넣어 섞는다.

6　접시에 2를 담고 5의 조린 국물을 뿌린 후 채소를 보기 좋게 곁들인다. 마무리로 피망 데스플레트를 뿌린다.

제 4 장
햄

예로부터 식량이었던 고깃덩어리를 어떻게 보관할지는 인간에게 절실한 문제였을 것이다. 그래서 선인들이 일찍이 사용한 방법이 바로 소금을 사용한 염장이었다. 햄이라는 말은 영어이지만 일본에서는 일반적으로 소금에 절여 성형한 고깃덩어리를 훈제하거나 가열하여 저장성을 높인 식재료를 일컫는 말로 사용된다. 가열하지 않고 바람에 말린 것은 생햄으로 구별된다.

염장과 바람에 말려 보관하는 방법은 습도가 낮은 유럽의 기후에는 잘 맞을 것이다. 그래서 다양한 부위를 염장한 가공품이 만들어졌고, 식생활에 빠질 수 없는 재료로 소중하게 이어 내려져 왔다. 하지만 유감스럽게도 고온다습한 일본에서는 첨가물 없이 유럽과 같은 방법으로 만들면 부패하거나 곰팡이, 기생충이 번식하여 실패할 가능성이 높다. 그래서 대량으로 만들 필요가 없는 레스토랑에서는 기름기가 많고 수분 조절이 편한 목살로 작업하는 것을 기본으로 여기고, 작은 덩어리로 구입하여 경과 관리도 간단한 건염법을 사용하면 된다. 일반적으로 전문점에서는 한 번에 대량으로 염장할 수 있고 오차가 적은 소뮈르법(향신료를 넣은 소금물에 절이는 방법)이 사용된다.

또 예쁜 색이 나는 햄을 만드는 요령으로 설탕을 사용하는 방법이 있는데, 발색이 자연스러워서 완성품도 충분히 만족스럽다. 햄 자체만으로도 물론 맛있지만 요리할 때 기본 재료로 수제 햄, 베이컨을 다양한 레시피에 활용할 수 있다.

구운 햄

Jambon rôti

햄의 정의는 넓게 말하자면 '소금에 절인 고깃덩어리를 어떠한 방법으로 가열한 것'이다.

그 중에서 구운 햄은 일본에서 의외로 귀한데, 휴지시키며 굽는 것이 포인트이다. 염장 고기는 삼투압 작용으로 소금이 침투하는 대신 단백질이 표면으로 빠져나오기 때문에 평소와 같은 방법으로 가열하면 타기 쉽다. 그래서 몇 번에 걸쳐 쉬면서 구우면 그런 점을 방지할 수 있다.

사실 고기에 든 수분은 열의 전도를 돕는 역할도 한다. 고기 안의 수분이 빠져서 잘 가열되지 않는 염장 고기는 단계별로 가열할 필요가 있다. 오븐에 넣은 채로는 겉만 익고 속은 익지 않는 현상이 생긴다.

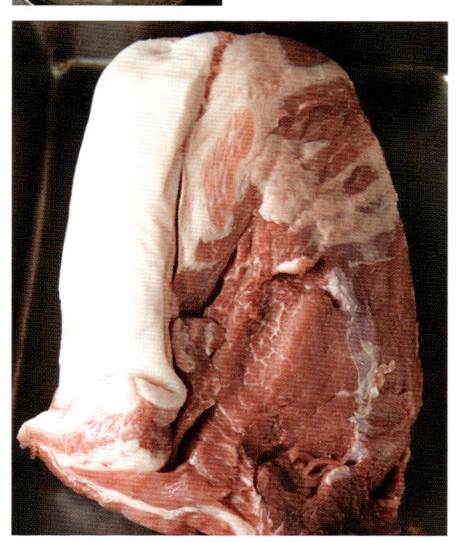

재료 (만들기 쉬운 분량)

돼지목살 — 2kg 이상

조미료(고기 1kg에 필요한 양)
- 소금 — 20g
- 흰 후추 — 5g
- 에르브 드 프로방스 — 10g

샐러드유 — 적당량

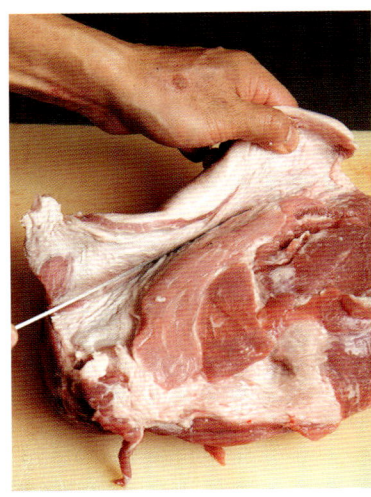 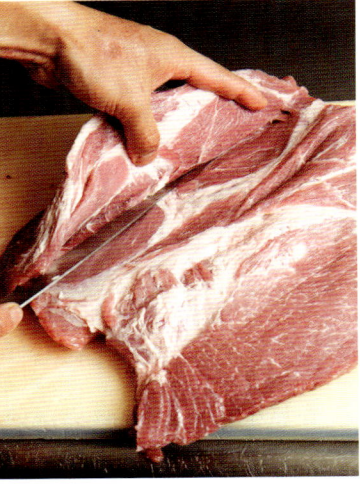 

1 돼지목살은 여분의 등 지방을 제거하고 두세 군데에 칼집을 넣어 평평하게 만든다.

2 양면에 소금과 후추를 뿌리고 손으로 문지른다.

 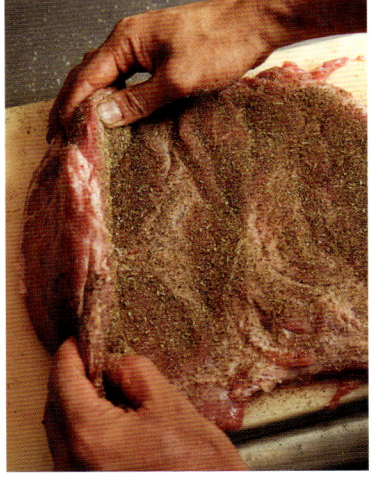 

3 펼친 면 전체에 에르브 드 프로방스를 뿌리고 둥글게 만다.

4 실로 잘 동여맨다. 우선 끝에서부터 3cm 부분에 이중으로 실을 감고 꽉 묶는다.

 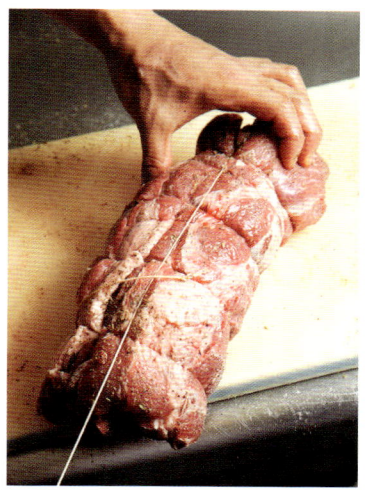

5 실을 왼손에 걸고 고리를 만들어 고기를 통과시키는 작업을 반복하여 아래까지 묶는다.

6 고기의 뒷면으로 실을 넘겨 처음 위치까지 돌린다.

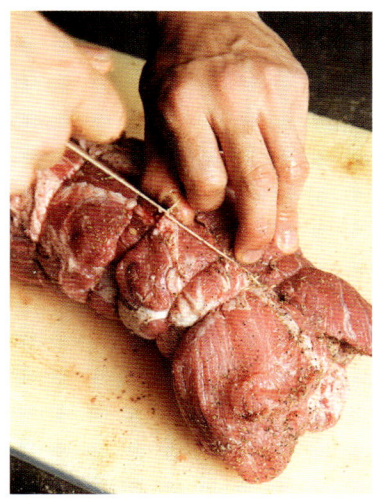 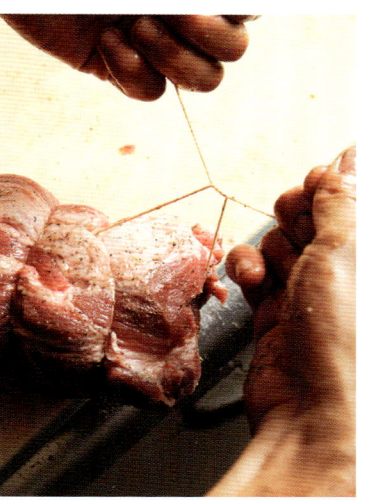

7 고리에 실을 하나씩 걸어 통과시키고 아래까지 오면 끝을 단단하게 매듭지어 묶는다.

8 냉장고에 하룻밤 두어 밑간이 잘 스며들게 한 후 꺼내서 키친타월로 물기를 닦아낸다.

9 프라이팬에 얹어 샐러드유를 전체에 뿌리고 250℃의 오븐에 넣는다.

10 10분 굽고 뒤집어서 또 10분 굽는다.

 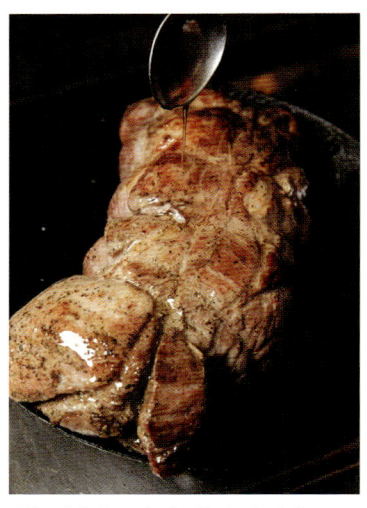 

11 총 20분 구운 후 꺼내서 20분 휴지시킨다.

12 아래에 모인 기름을 뿌려 다시 250℃의 오븐에서 20분 굽는다. 중간에 한 번 위아래를 뒤집는다.

13 오븐에서 꺼내서 20분 휴지시킨다.

14 마지막에 한 번 더 아래에 모인 기름을 뿌리고 다시 250℃의 오븐에서 15분 굽는다. 중간에 한 번 위아래를 뒤집는다.

15 중간에 2회 휴지시키면서 총 55분 굽게 된다. 고기를 눌렀을 때 적당한 탄력이 남아 있으면 핑크색으로 구워졌다는 증거이다.

16 중심부에 꼬챙이를 끼워 입술에 대고 뜨겁다고 느껴지면 된다. 그대로 상온에서 식힌 후 진공 포장기에 넣어 밀폐시키고 냉장고에서 보관한다.

삶은 햄

Jambon blanc

삶은 햄의 최대 장점은 촉감이다. 고기 안에 수분을 유지하면서 촉촉하게 완성할 수 있는 방법은 삶는 것뿐이다. 등심을 사용하여 살코기의 감칠맛을 충분히 살렸다.

그런데 이것은 햄이라고 하지만 오래 보관하기는 어렵다. 그 자리에서 먹기 위한 요리의 한 가지 방법이라고 생각하는 편이 좋다. 다음날까지 반드시 먹어야 한다.

프랑스의 정육점에서는 다리살 1개를 삶아 다 판다. 프랑스인에게 삶은 햄은 정육점에서 파는 반찬이다.

재료 (먹기 쉬운 분량)

돼지등심 —— 1kg 이상

조미료
- 소금 —— 고기 총량의 3%
- 설탕 —— 고기 총량의 1%

올리브오일 —— 적당량

1 돼지등심은 여분의 등 지방을 제거하고 지름 8cm, 길이 20~30cm 정도로 네모나게 정리한다. 전면에 고기용 포크로 구멍을 뚫어 간이 잘 배게 한다.

2 1을 배트에 얹고 전체에 소금과 설탕 합친 것을 뿌린다.

3 힘주어 잘 문지른다.

4 냉장고에 하룻밤 두고 밑간을 한다.

5 깊은 냄비의 80%까지 물을 넣고 80℃로 가열한 후 4를 넣어 삶는다.

6 80℃를 유지하면서 40분 가열하여 꺼낸다. 고기 중심부에 온도계를 꽂아 68~75℃가 되었는지 확인한다.

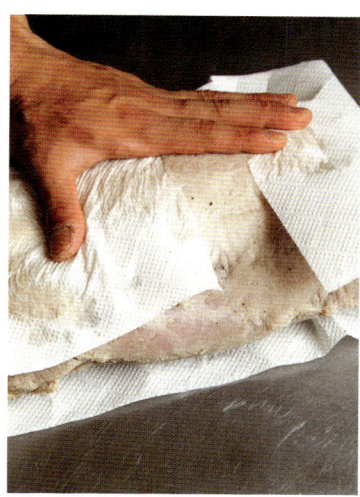

7 키친타월로 물기를 닦아낸다.

8 올리브오일을 전면에 뿌리고 상온에서 식으면 냉장고에서 식힌다.

콩피 햄

Jambon confit

콩피 햄의 장점은 삶은 햄에 비해 오래 가고, 고기나 지방의 감칠맛을 느낄 수 있다는 것이다. 삶은 햄의 촉감과는 또 다르게 구운 돼지고기의 풍미가 더해진다. 그래서 샌드위치나 끓인 요리 등에 활용할 수 있다. 사용 빈도나 용도를 생각하여 조리 방법을 선택하면 된다.

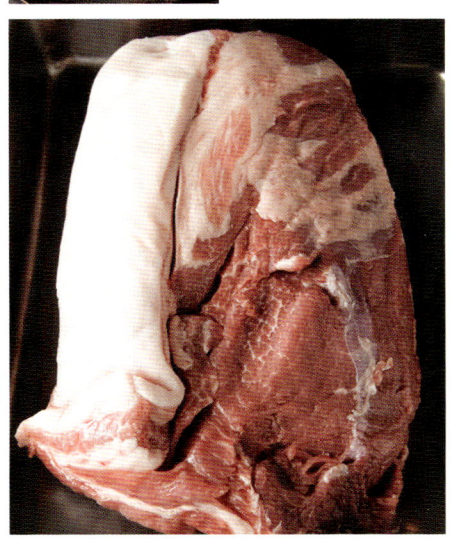

재료 (만들기 쉬운 분량)

돼지목살 ─ 2kg 이상

조미료 (고기 1kg에 필요한 양)
　소금 ─ 19g
　설탕 ─ 5g

라드, 샐러드유 ─ 각각 적당량

 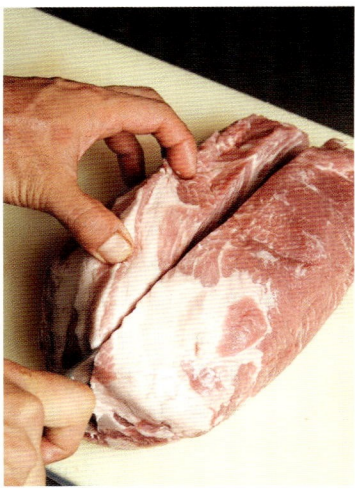 

1 돼지목살은 여분의 지방을 제거하고 세로로 반으로 썰어 지름 6cm×길이 20cm 정도의 길쭉한 모양으로 정리한다.

2 전면에 고기용 포크로 구멍을 뚫어 간이 잘 배게 한다.

 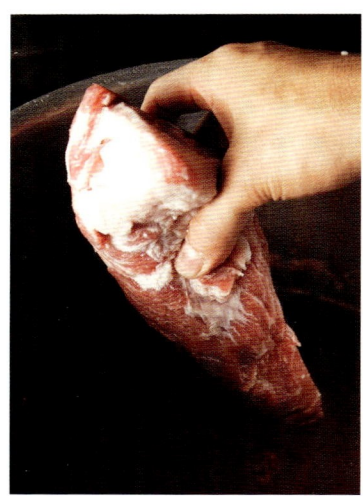 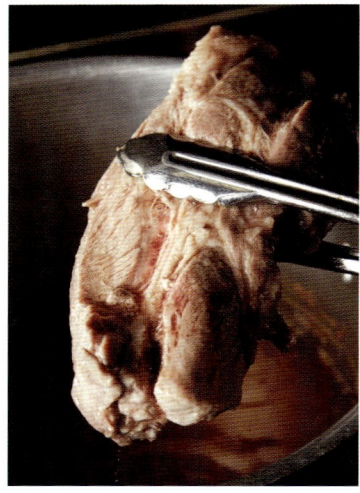

3 소금과 설탕을 뿌리고 손으로 문질러 냉장고에 하룻밤 둔다.

4 깊은 냄비에 라드와 샐러드유를 절반씩 넣고 80℃로 데워 3을 넣는다. 기름은 덮일 정도의 양이 좋다.

5 20분 가열한다. 고기 중심부에 온도계를 꽂아 80℃인지 확인한다. 상온에서 식힌 후 냉장고에 보관한다.

생햄

Jambon cru

원래 생햄은 돼지다리살 1개를 소금에 절이고 그대로 바람에 말려 서서히 수분을 없애면서 숙성시키는 저장 식품이다. 그러나 고온 다습한 일본의 풍토에서는 곰팡이가 생겨버리는 것이 실정이다. 그래서 작은 덩어리로 단기간에 건조, 숙성시키는 방법을 생각해 냈다. 지방이 적당히 들어있는 목살을 이용하여 분할해서 모양을 만든다. 덩어리가 작으면 염분 침투도 빠르고 건조도 빠르기 때문에 부패 위험을 피할 수 있다. 정기적으로 알코올 도수가 높은 증류주를 뿌려 항균하면서 유산 발효시켜 완성한다.

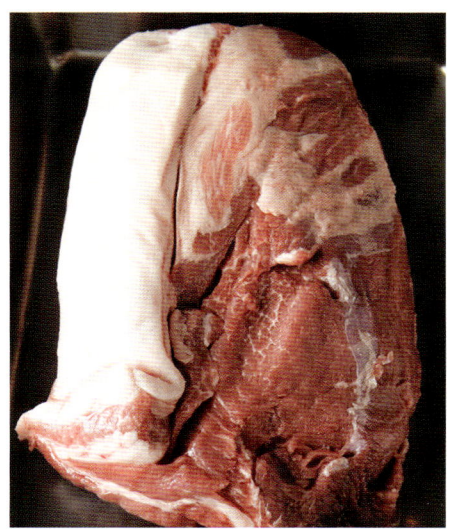

재료 (만들기 쉬운 분량)

돼지목살 —— 2kg 이상

조미료
　소금:암염:설탕 —— 1:1:1로 합친 것이 고기와 같은 분량

알코올 도수가 40% 이상인 증류주 —— 적당량

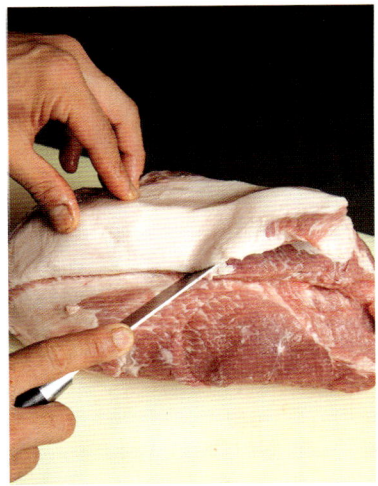 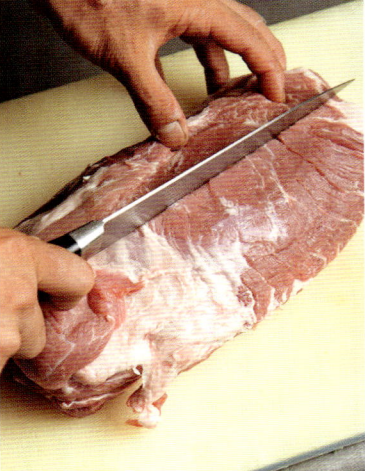 

1 돼지목살은 여분의 등 지방을 제거하고 덩어리를 세로로 썰어서 지름 7cm×길이 20cm 정도의 길쭉한 모양으로 정리한다.

2 소금:암염:설탕=1:1:1로 합친 것을 고기와 같은 분량으로 준비한다. 설탕을 넣으면 발색이 좋아진다.

3 돼지고기를 배트에 넣고 *2*를 뿌려 냉장고에 둔다.

4 하루에 한 번 위아래를 뒤집어 나흘 간 절이고 포화 상태가 될 때까지 염분을 흡수시킨다. 고기의 수분량이 줄고 색도 암적색으로 바뀐다.

5 흐르는 물에 소금과 설탕을 씻어내고 키친타월로 물기를 닦아낸다.

6 배트에 망을 두고 5를 얹은 후 분무기에 워커를 넣어 뿌린다. 덮개를 덮지 않고 냉기를 맞으며 냉장고에 둔다. 이틀에 한 번 워커를 뿌리면서 2주~3개월 정도 숙성시킨다.

※ 건조가 잘 되면 표면에 소금이 뜨는데, 그것이 완성된 기준이다. 그 시점에서 생햄으로서는 완성되지만 더 깊은 맛을 원한다면 그 후 와인 셀러로 옮긴다. 같은 작업을 3개월 더 계속하여 총 6개월에 걸쳐 완성한다. 그러면 시판 제품 이상의 햄이 완성된다. P164의 사진은 1개월 경과한 상태이다.

염장 소 혀

Langue de bœuf salée

이것도 옛날부터 이어져 온 샤르퀴트리이다. 소 혀만의 탄력적이고 독특한 식감이 있다.

소금물에 담그는 소뮈르법이 일반적이지만 레스토랑 주방이라는 한정된 공간에서는 소금물에 담근 채 냉장고에서 보관하기란 어렵고 세균이 생기기도 쉽다. 그래서 직접 소금을 문질러 바르는 건염법을 권장한다. 소금을 뿌리기 전에 축 늘어질 때까지 고기용 포크로 찌르고 구멍을 내서 섬유질을 푸는 것이 요령이다.

재료 (만들기 쉬운 분량)

소 혀 —— 3개

조미료
  소금:암염:설탕 —— 1:1:1로 합친 것이 소 혀와 같은 분량

올리브오일 —— 적당량

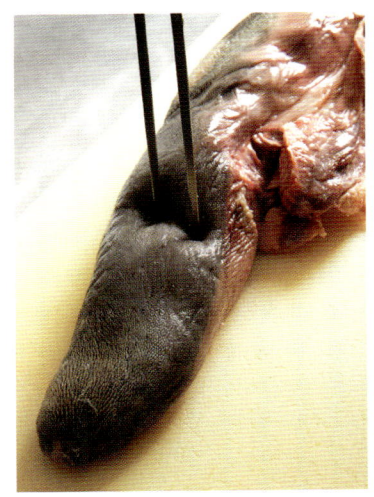

1 소 혀에 고기용 포크를 찔러 작은 구멍을 뚫는다. 전체적으로 축 늘어질 때까지 15분 정도 계속한다.

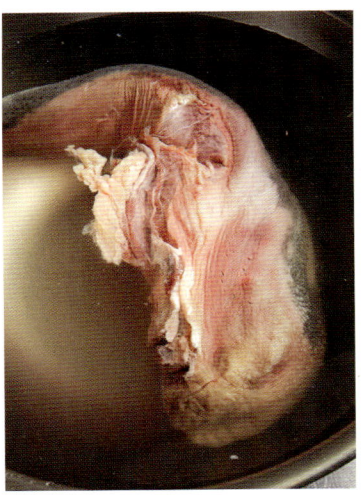

2 물을 담은 볼에 1을 넣고 15분 정도 그대로 담가 핏물을 뺀다.

3 물기를 빼고 소금, 암염, 설탕 섞은 것을 뿌린다.

4 배트에 옮기고 냉장고에서 3일간 보관한다.

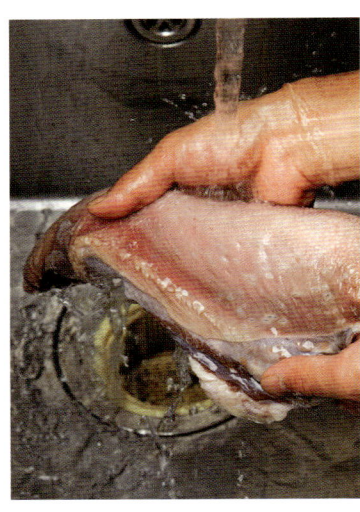

5 흐르는 물에 소금과 설탕을 씻어낸다.

6 깊은 냄비에 물을 넣고 5를 넣어 삶는다.

  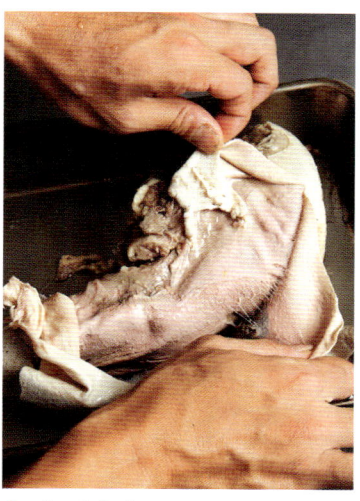

7 끓으면 불순물을 걷어내고 약불로 줄여 3~4시간 삶는다.

8 껍질이 벗겨질 정도가 되면 물에서 건져 낸다.

9 배트에 올리고 뜨거울 때 껍질을 벗긴다.

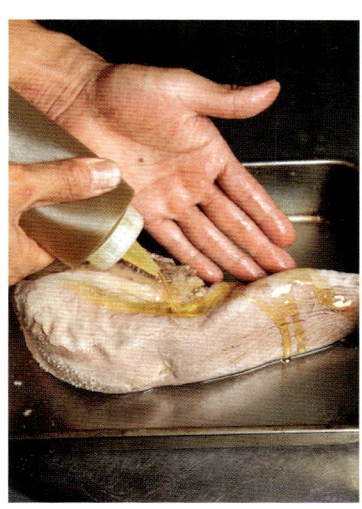

10 전면에 올리브오일을 뿌린다. 상온에서 식으면 냉장고에 보관한다.

베이컨
Poitrine de porc fumée

훈제에는 냉훈법, 온훈법 등 몇 가지 방법이 있는데, 요리의 재료로 사용하기 위한 베이컨을 만들 때는 열훈법의 일종인 '순간 훈제'로 향을 낸다. '순간 훈제'는 중화냄비에 칩을 깔고 연기를 내는 방식이다.

나는 거기에 추가로 오븐에서 가열하는 방법을 이용하는데 그러면 수고도, 염분도 최소한이면 된다.

훈제향을 더 강하게 내고 싶다면 '순간 훈제'를 두 번 하면 된다. 톱밥의 연기를 쐬면서 5분 간 가열해도 안은 거의 익지 않기 때문이다.

재료 (만들기 쉬운 분량)

삼겹살 —— 1장(8~9kg)

조미료 (고기 1kg에 필요한 양)
- 소금 —— 22g
- 설탕 —— 8g

벚나무 또는 히코리 톱밥 —— 적당량

  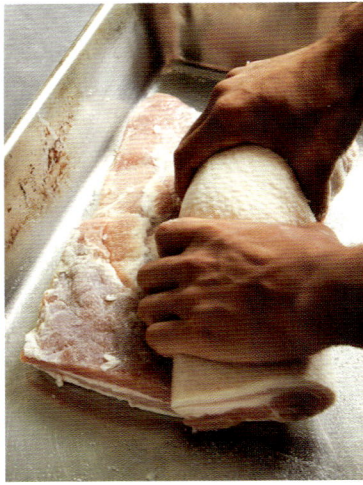

1 삼겹살은 고기용 포크를 찔러 구멍을 내고 간이 잘 배게 한다.

2 1을 배트에 넣고 소금과 설탕 섞은 것을 뿌려 냉장고에서 하루 둔다.

3 2를 꺼내어 키친타월로 물기를 닦고 망을 깐 배트 위에 얹는다. 그대로 냉장고에 넣어 15분 정도 표면을 말린다.

4 중화냄비에 칩을 넣고 망을 깐다.

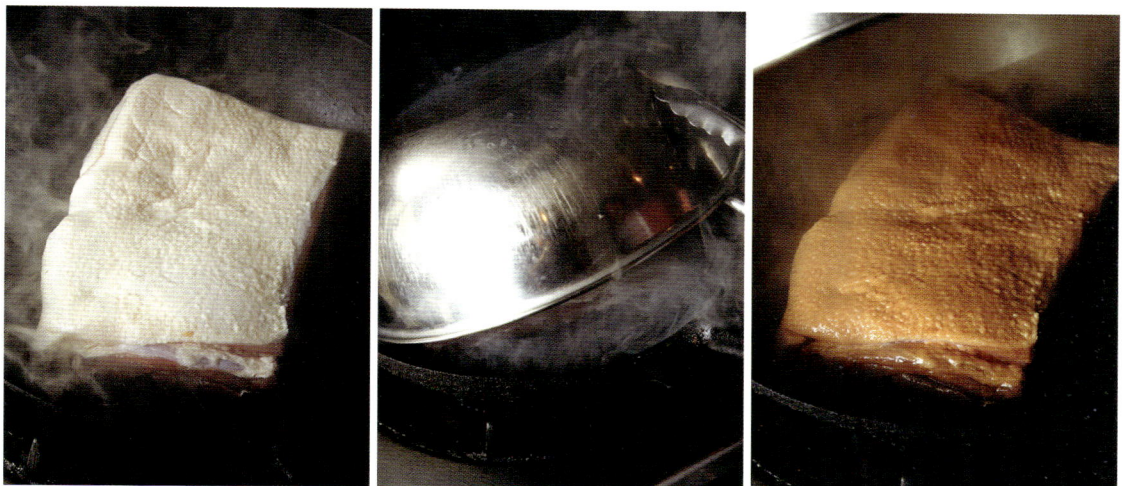

5 3의 비계가 위로 향하게 올린다. 비계가 아래로 향하면 기름이 톱밥 위에 떨어져 불이 붙을 수 있으니 주의한다. 점화하고 연기가 나기 시작한지 1분 정도 지나면 뚜껑 대신 볼을 덮어 밀폐시킨다. 그대로 2분 가열한 후 불을 끄고 5분 두어 훈제향을 낸다.

6 오븐용 팬에 옮기고 150℃의 오븐에서 20분 굽는다.

7 잔열이 날아갈 때까지 두고 냉장고에서 충분히 식힌다. 식으면 고기는 연한 핑크색이 난다. 그대로 냉장고에 보관한다.

훈제 간

Foie de porc fumé

이것만큼 만드는 과정이 심플하면서도 깊은 맛을 내는 것이 있을까 싶다. 시행착오 끝에 최소한의 과정만 남기는 데 성공한 레시피이다. 재료 본연의 맛을 살리려면 때로는 향신료를 빼기도 해야 한다. 과정이 심플한 만큼 간의 신선도가 가장 중요하다.

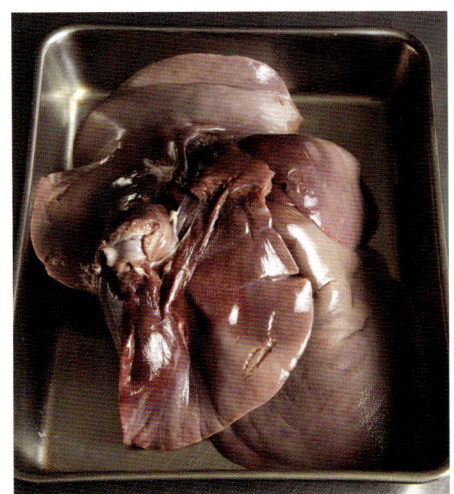

재료 (만들기 쉬운 분량)

돼지간 —— 1kg

다진 마늘 —— 1작은술

소금 —— 19g

벚나무 또는 히코리 톱밥 —— 적당량

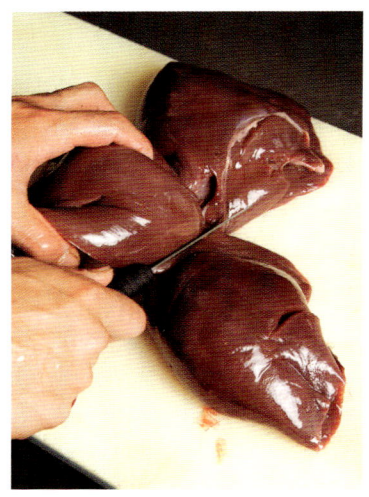 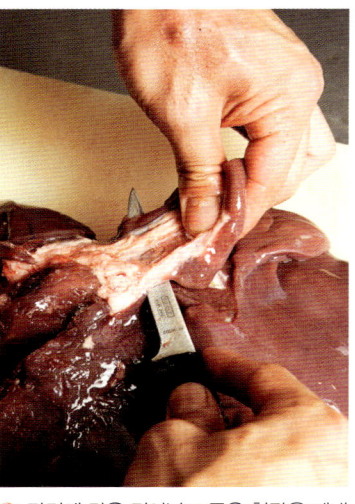 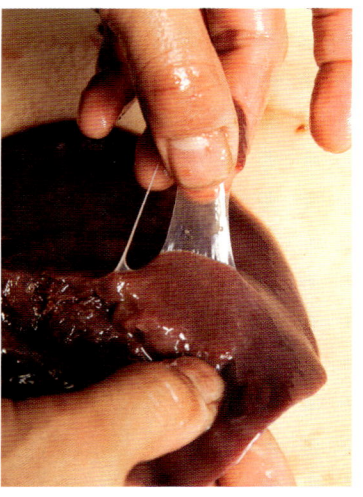

1 돼지간은 세 덩어리로 이어져 있기 때문에 이음매 부분을 잘라낸다.

2 단면에 칼을 집어넣고 굵은 혈관을 빼내어 제거한다.

3 끝에서부터 정성스럽게 얇은 껍질을 벗긴다.

4 고기용 포크로 찔러 구멍을 내고 간이 잘 배게 한다.

5 마늘과 소금을 넣고 손으로 잘 문질러 간이 배게 한다. 랩을 덮고 냉장고에서 하룻밤 둔다.

6 깊은 냄비에 70%까지 물을 넣고 80℃로 끓인 후 5를 넣는다. 80℃를 유지하면서 20분 가열한다.

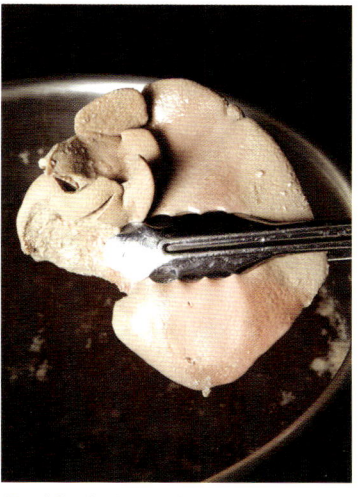

7 망을 깐 배트에 얹어 표면이 마를 때까지 20분 정도 상온에 둔다.

8 중화냄비에 톱밥을 넣고 망을 깐다. 7을 얹고 점화한다.

9 연기가 나기 시작한지 1분 정도 지나면 뚜껑 대신 볼을 덮어 밀폐시킨다.

10 약한 중불에서 3분 가열한다. 불을 끄고 5분 두어 훈제향을 낸다.

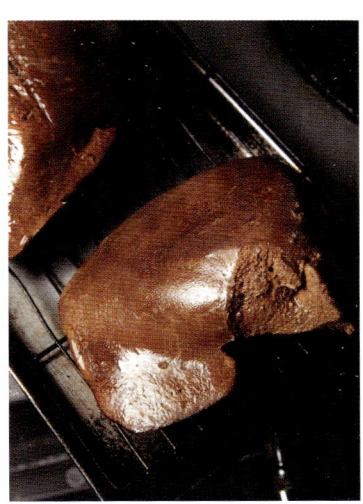

11 볼을 뺀다. 간 전체에 기름이 덮여 반질반질한 상태가 된다. 잔열이 날아갈 때까지 망 위에서 휴지시킨 후 냉장고에서 식히고 보관한다.

p.176
훈제 간 사용

비트 머스터드소스를 뿌린 무화과 호두 훈제 간

약간 쓴맛이 나는 부드러운 간과 새콤달콤한 과일의 조합은 특별하다.
매콤한 드레싱이 대조되는 맛을 돋보이게 한다.

재료 (2인분)

- 훈제 간 — 80g
- 무화과 — 1개
- 호두 — 20g
- 양송이버섯 — 3개
- 비트 퓌레※ — 1큰술
- 프렌치 머스터드 — 1큰술
- 벌꿀 — 1큰술
- 셰리 식초 — 3큰술
- 올리브오일 — 적당량
- 소금, 후추 — 각각 적당량
- 루꼴라 등의 잎채소 — 적당량

만드는 법

1. 훈제 간은 5mm 두께의 한입 크기로 썬다. 무화과는 껍질을 벗기고 빗살 모양으로 썬다.

2. 양송이버섯은 밑동을 제거하고 3mm 두께로 얇게 썬다.

3. 호두는 저온의 오븐에서 10분 구워 마구 부순다.

4. 소스를 만든다. 볼에 비트 퓌레와 머스터드, 꿀, 셰리 식초, 소금, 후추를 넣고 올리브오일을 조금씩 부으면서 섞어 걸쭉하게 만든다.

5. 접시에 1의 간을 깔고 무화과, 양송이버섯, 호두를 담는다. 그 위에 4를 듬뿍 뿌리고 잎채소를 뿌린다.

※ 비트 퓌레는 삶은 비트를 믹서에 갈아 퓌레 상태로 만든 것이다.

민트 풍미를 낸 삶은 햄 퀴노아 채소 샐러드

p.156
삶은 햄
사용

햄을 맛있게 제공하고 싶을 때 곡류와 합치는 레시피를 자주 사용한다.
톡톡 터지는 식감이 고기의 섬유질을 돋보이게 하기 때문이다.

재료 (2~3인분)

- 삶은 햄 — 6장(1장에 30g인 슬라이스)
- 퀴노아 — 150g
- 방울토마토 — 10개
- 펜넬 — 100g
- 트레비소 — 3장
- 민트 — 한 꼬집
- 레몬 — 적당량
- 소금, 검은 후추, 셰리 식초 — 각각 적당량
- 비네그레트※ — 적당량

만드는 법

1. 퀴노아는 물에서 15분 삶고 건져서 물기를 뺀 후 식힌다.

2. 방울토마토는 꼭지를 떼고 반으로 썰어 올리브오일을 약간 뿌린 후 250℃의 오븐에서 약 15분 굽는다.

3. 펜넬은 2mm 두께로 얇게 썬다. 트레비소는 큼직하게 찢고 민트는 잘게 다진다.

4. 1, 2, 3을 볼에 넣고 소금, 검은 후추, 셰리 식초로 조미한다.

5. 접시에 4를 담고 삶은 햄을 얹어 비네그레트를 뿌린다. 빗살모양으로 썬 레몬을 곁들이고 햄 중앙에 소금과 후추(분량 외)를 뿌린다.

※ 비네그레트는 소금, 흰 후추, 프렌치 머스터드를 각각 약간, 셰리 식초 1큰술을 섞은 것에 올리브오일 3큰술을 조금씩 넣어 섞은 소스이다.

p.164
생햄 사용

토마토 허브 소스를 곁들인 생햄 화이트 아스파라거스 샐러드

화이트 아스파라거스의 쓴맛과 유산 발효한 생햄의 감칠맛이 어우러진 세련된 맛은 계절의 별미이다.

재료 (2~3인분)

- 생햄 — 5장
- 화이트 아스파라거스(굵은 것) — 2개
- 토마토 — 3개
- 루꼴라 — 적당량
- 딜, 파슬리, 민트, 바질(각각 잘게 썬 것) — 각각 1작은술
- 다진 마늘 — 1작은술
- 올리브오일 — 2큰술
- 소금, 흰 후추 — 각각 약간

만드는 법

1. 화이트 아스파라거스는 단단한 부분을 제거하고 껍질을 벗긴다. 소금(분량 외)을 넣은 물에서 10분 정도 부드럽게 삶거나 쪄서 단맛을 내고 식힌다.
2. 토마토는 물에 데쳐 껍질을 벗기고 씨를 제거하여 네모나게 썬다.
3. 2와 허브류를 섞고 마늘과 올리브오일을 섞은 후 소금과 후추로 조미한다.
4. 화이트 아스파라거스를 마구 썰어 접시에 담고 3을 얹는다.
5. 생햄을 얇게 썰어 4의 위에 얹고 루꼴라를 곁들인다.

메이플 라임 소스를 뿌린 베이컨 구이와 강낭콩 미모사 샐러드

p.172

베이컨 사용

바삭하게 구운 고소한 베이컨과 메이플시럽으로 단맛을 낸 소스가 절묘하게 어우러진다.
삶은 달걀의 밝은 노란색 때문에 눈도 입도 즐겁다.

재료 (2인분)

베이컨 —— 160g
강낭콩 —— 20개
잘게 다진 삶은 달걀 —— 1개분

소스
　머스터드 —— 1큰술
　소금, 흰 후추 —— 각각 적당량
　라임 과즙 —— 1개분
　메이플시럽 —— 2큰술
　올리브오일 —— 3큰술

검은 후추 —— 약간

만드는 법

1. 베이컨은 3mm 두께로 썰고 프라이팬에서 양면을 노릇노릇하게 굽는다.

2. 강낭콩은 끝부분을 잘라내고 소금을 넣은 물에서 푹 삶아 건진 후 소금(분량 외)을 뿌린다. 1분 정도 두고 얼음물에 넣는다.

3. 소스를 만든다. 볼에 머스터드, 소금, 후추를 넣고 라임 과즙, 메이플시럽을 넣어 섞는다. 올리브오일을 조금씩 부으면서 섞고 걸쭉하게 만든다.

4. 2를 3에 버무려 그릇에 담는다. 1을 얹고 잘게 다진 삶은 달걀을 뿌린 후 남은 소스를 듬뿍 뿌린다. 마무리로 검은 후추를 뿌린다.

제5장 다양한 샤르퀴트리

지금까지 대표적인 샤르퀴트리와 응용 레시피를 장르별로 나누어 설명했다. 하지만 옛날부터 전해 내려오는 명품 중에는 여기에 속하지 않는 것도 있다. 그러나 샤르퀴트리의 전체적인 모습을 파악하고 프랑스 식문화의 깊이를 알려면 꼭 알아두어야 할 레시피도 있다. 마지막 5장에서는 그것들을 총 정리하여 '다양한 샤르퀴트리'로 소개하겠다.

5장의 앞부분에서는 요리의 수준을 높이기 위해서라도 반드시 알아두어야 할 푸아그라의 기본인 푸아그라 테린과 콩피를 설명한다. 뒷부분에서는 '살기 위해 생물을 먹는다'는 의미에서 식재료를 다룬 훌륭한 고전 요리를 언급한다. 돼지머리를 남김없이 사용하는 프로마주 테트, 오리나 토끼 등 한 마리를 통째로 사용하여 껍질, 파르스, 소스를 만들어내는 발로틴 등이 있다. 조리도구의 발전을 통해 매일 새로운 요리가 생겨나는 요즘 시대에 프랑스 요리의 근원이라 할 수 있는 옛 기법을 배우는 데에는 의미가 있을 것이다.

푸아그라 테린
Terrine de foie gras

인류의 뛰어난 지혜와 욕망이 낳은 위대한 식재료 푸아그라. 이 푸아그라 테린은 푸아그라의 맛을 고스란히 느낄 수 있는 기본적인 요리이다.

안에 들어있는 힘줄을 제거하여 손질한 후 소금을 뿌리고 저온에서 가열하기만 하면 된다. 진공 팩이라는 조리 기술의 발전으로 훨씬 다루기 편해졌고, 푸아그라의 맛을 있는 그대로 즐길 수 있게 되었다.

고급 푸아그라를 구하는 것이 퀄리티를 높이는 지름길이다.

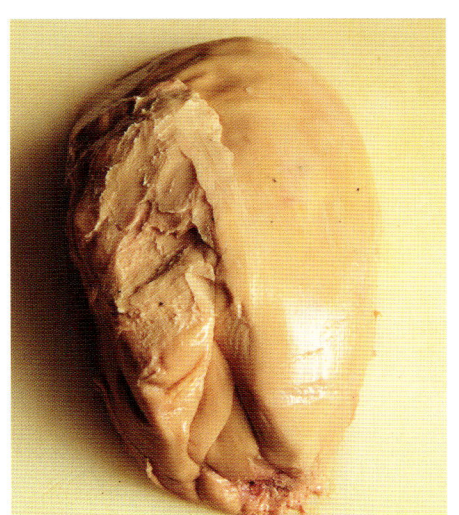

재료 (28cm 테린틀 1대분)

푸아그라 —— 2개(1개 500~600g)

조미료(푸아그라 1kg에 필요한 양)
- 소금 —— 15g
- 설탕 —— 5g
- 흰 후추 —— 5g

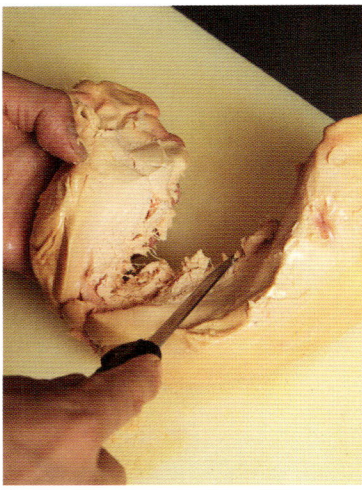

1 푸아그라는 팩 그대로 따뜻한 물에 10분 정도 담가 부드럽게 하여 작업하기 쉽게 만든다.

2 푸아그라는 두 덩어리가 이어져 있기 때문에 손으로 떼어낸다. 이음매 부분은 칼로 잘라낸다.

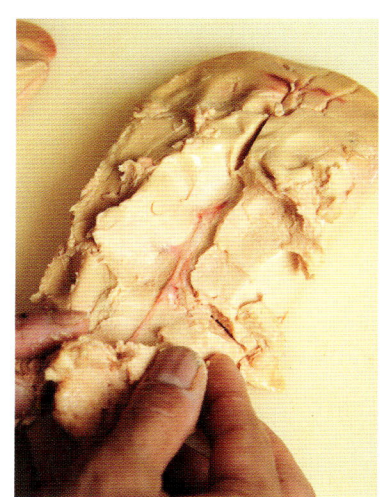

3 가운데부터 손가락으로 눌러 펼치고 힘줄을 정성스레 빼낸다.

4 손질한 푸아그라를 계량하여 총 중량에 대한 소금, 설탕, 후추를 계량하고 섞는다. 배트에 푸아그라를 펼치고 골고루 뿌린다.

  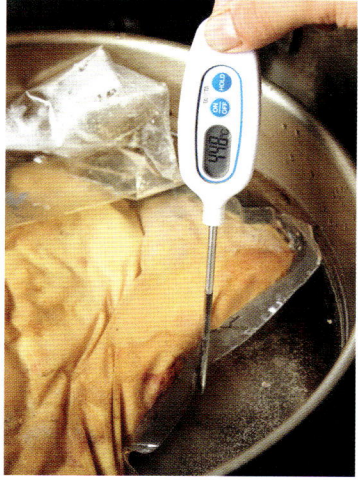

5 진공 팩에 4를 넣고 진공포장기로 밀폐하여 하룻밤 냉장고에서 재운다.

6 팩 그대로 45℃ 전후의 물에 넣어 20분 데운다. 50℃ 이상이 되면 지방이 녹기 시작하니 온도를 정확하게 관리한다.

7 체에 얹어 물기와 기름기를 뺀다.

8 테린틀에 분무기로 물을 뿌리고 랩을 깐다. 푸아그라를 조금씩 떼어 틀에 채운다. 표면을 평평하게 만든다.

9 윗면을 랩으로 덮고 냉장고에 하룻밤 두어 충분히 식힌 후 썰어서 제공한다.

푸아그라 콩피

Confit de foie gras

푸아그라를 손질하지 않고 포트와인에 재운 후 저온에서 가열한 것을 콩피라고 한다. 기름에서 가열하는 것은 아니지만 원래 있던 지방으로 열이 침투한다는 이미지에서 그렇게 불린다.

진공 처리를 하면 포트와인의 풍미가 더 깊게 스며들어 숙성된 맛으로 완성된다.

덩어리째 가열하기 때문에 네모나게 썰어 파르스에 섞는 등 일품요리로 가공할 때는 테린보다 사용하기 편하고 작업성도 높다.

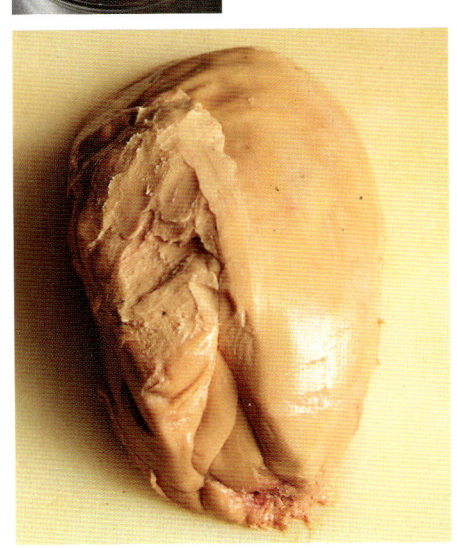

재료 (만들기 쉬운 분량)

푸아그라 —— 1개(약 500~600g)

조미료(푸아그라 1kg에 필요한 양)
- 소금 —— 15g
- 설탕 —— 5g
- 흰 후추 —— 5g

화이트 포트와인 —— 15㎖

1 푸아그라는 팩 그대로 따뜻한 물에 10분 정도 담가 부드럽게 하여 작업하기 쉽게 만든다.

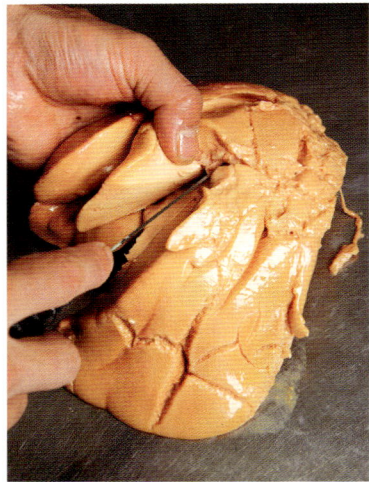

2 푸아그라는 두 덩어리가 이어져 있기 때문에 손으로 떼어낸다. 이음매 부분은 칼로 잘라낸다.

3 손질한 푸아그라의 중량을 계량하여 소금, 설탕, 흰 후추의 분량을 계산하고 섞는다. 푸아그라에 골고루 뿌린다.

4 진공 팩에 3을 넣고 화이트 포트와인을 넣어 진공 포장기로 밀폐한다.

5 냉장고에서 하룻밤 재운다.

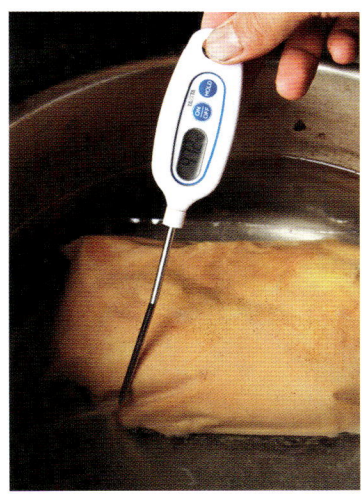  

6 팩 그대로 45℃ 전후의 물에 넣어 20분 데운다. 45℃ 이상이 되면 지방이 녹기 시작하니 온도를 정확하게 관리한다.

7 배트에 꺼내어 냉장고에서 식힌다.

8 푸아그라 콩피로 완성된 상태이다. 원하는 크기로 썰어서 제공한다.

닭고기 푸아그라 테린
Terrine de poulet au foie gras

OGINO의 샤르퀴트리 중에서도 가장 고급스럽다고 할 수 있는 요리이다. 푸아그라의 끈적끈적한 감칠맛 안에 담백한 닭가슴살이 마블 모양을 그려 푸아그라의 맛을 더욱 돋보이게 한다.
트러플을 얇게 썰어 넣으면 품격 있고 맛있는 요리가 된다.
알자스 리슬링 와인이나 오래된 포트와인과도 아주 잘 어울린다.

재료 (28cm 테린틀 1대분)

닭가슴살 —— 2개

조미료
| 소금 —— 4g
| 흰 후추 —— 1g
| 트러플오일 —— 20㎖

푸아그라 —— 1개(500~600g)

조미료(푸아그라 1kg에 필요한 양)
| 소금 —— 15g
| 설탕 —— 5g
| 흰 후추 —— 5g

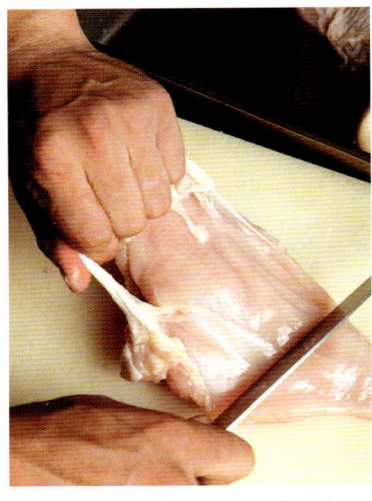
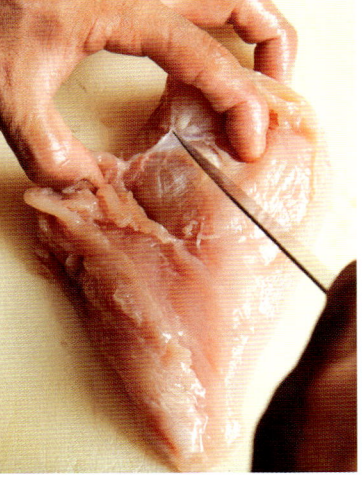

1 닭가슴살은 껍질을 벗기고 가운데에 칼집을 넣어 힘줄을 제거한다.

2 전체에 소금과 흰 후추를 뿌린다.

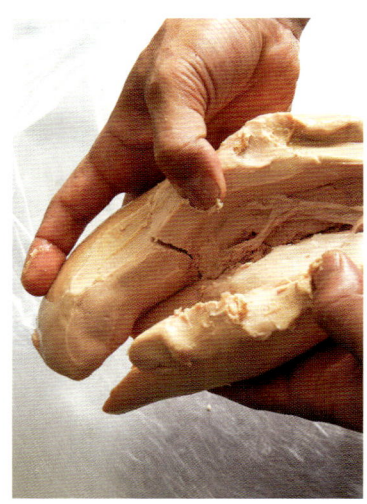

3 진공 팩에 2를 넣고 트러플오일을 붓는다. 진공포장기에 넣어 하루 동안 냉장고에 둔다.

4 푸아그라는 두 덩어리가 이어져 있기 때문에 손으로 떼어낸다. 이음매 부분은 칼로 잘라낸다.

5 푸아그라의 중량을 계량하여 소금, 설탕, 흰 후추의 분량을 계산한다. 진공 팩에 4를 넣으면서 조미료를 뿌린 후 진공포장기로 밀폐하여 하루 냉장고에 둔다.

 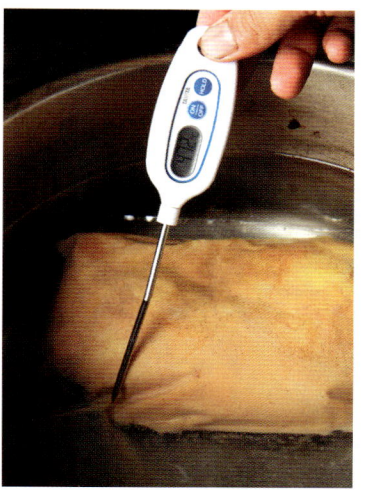 

6 3의 닭고기는 팩 그대로 물에 삶는다. 끓으면 불을 끄고 식을 때까지 그대로 두어 익힌다.

7 5의 푸아그라는 45℃ 전후의 물에 넣어 20분 데운다. 45℃ 이상이 되면 지방이 녹기 시작하니 온도를 정확하게 관리한다.

8 꺼낸 6의 닭고기를 3cm 폭으로 썬다.

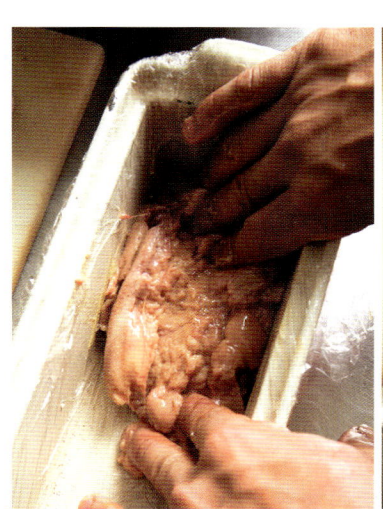 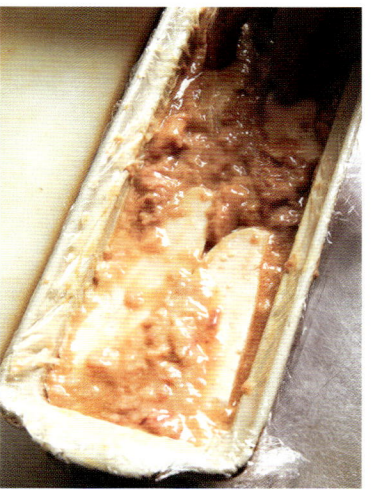 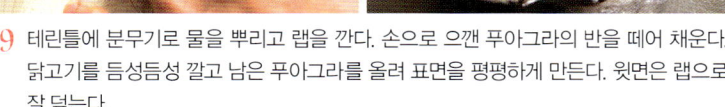

9 테린틀에 분무기로 물을 뿌리고 랩을 깐다. 손으로 으깬 푸아그라의 반을 떼어 채운다. 닭고기를 듬성듬성 깔고 남은 푸아그라를 올려 표면을 평평하게 만든다. 윗면은 랩으로 잘 덮는다.

10 눌러 놓는 물건을 얹고 그대로 냉장고에서 식혀 굳힌다. 눌러 놓는 물건으로는 1ℓ짜리 우유팩이 딱 좋다. 하룻밤 냉장고에 둔다. 잘 굳으면 원하는 두께로 썬다.

제5장 다양한 샤르퀴트리

닭간 무스
Mousse de foie de volaille

코냑, 마데이라주, 포트와인의 술 3종을 조려 알코올을 날리고 간에 스며들게 한 후 부드러운 페이스트 형태로 만들었다.

만드는 공정이 심플하지만 놀라울 정도의 감칠맛과 깊은 맛이 나는 이유는 양주의 힘과 간에 노릇노릇하게 색을 입히는 작업 때문이다. 이런 작업을 하다 보면 술이 식문화와 밀접한 관계가 있다는 사실을 잘 알 수 있다. 술을 적절하게 사용하면 샤르퀴트리의 완성도를 한층 높일 수 있다.

재료 (만들기 쉬운 분량)

닭간 — 400g

다진 양파 — 1/4개분

코냑 — 25㎖

마데이라주 — 50㎖

포트와인 — 50㎖

녹인 버터 — 200g

소금 — 8g

흰 후추 — 약간

1 닭간을 체에 얹어 물기를 뺀다. 시중에서 간을 주문하면 염통이 붙어있는데 그대로 사용한다.

2 프라이팬에 녹인 버터 20g을 데우고 1의 간을 넣어 전면에 노릇노릇한 색이 나게 한다.

3 양파를 넣고 볶는다.

4 코냑, 마데이라주, 포트와인으로 알코올 도수가 높은 순서대로 붓고 불을 붙여 알코올을 날린다.

5 타기 직전까지 센불에서 조린다.

6 5를 푸드 프로세서에 옮긴다. 프라이팬에 남아있는 조린 국물도 모아 넣는다.

7 페이스트 상태가 될 때까지 섞는다.

8 부드러워지면 소금과 후추를 넣고, 남은 녹인 버터를 조금씩 넣으면서 더 끈적끈적해질 때까지 섞은 후 식힌다.

9 용기에 넣어 냉장고에서 식힌다. 보관할 때는 진공 팩에 넣어 진공포장기로 밀폐시키는 방법이 편리하다.

프로마주 테트
Fromage de tête

프랑스어로 테트는 머리, 프로마주는 치즈인데, 여기서 말하는 프로마주는 치즈가 아니라 형태를 만든다, 굳힌다는 원래 뜻에서 온 말이다.

돼지머리의 껍질을 전부 다지고 끓여서 젤라틴질이 풍부한 이 요리는 프랑스인에게 그리운 맛이며, 샤르퀴트리의 고전 중의 고전이다. 좀 더 정성을 들여서 두개골을 갈라 뇌수를 넣으면 맛이 더 깊어진다.

재료 (머리 1개분, 28cm 테린틀 약 4등분)

돼지머리 — 1개분

향미 채소
- 반으로 썬 양파 — 2개분
- 마구 썬 셀러리 — 2개분
- 세로로 2등분한 당근 — 1개분
- 마늘 — 8쪽

화이트와인 — 1ℓ

암염 — 20g

흰 후추 — 적당량

코르니숑 — 400g

셰리 식초 — 적당량

다진 파슬리 — 1/2컵

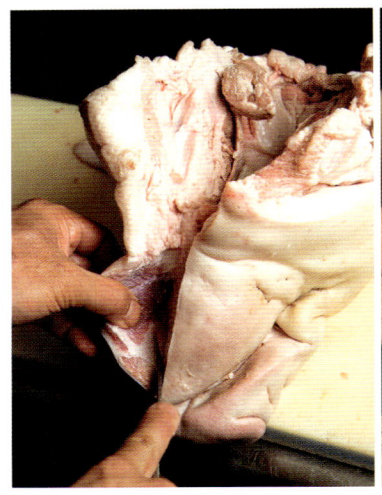 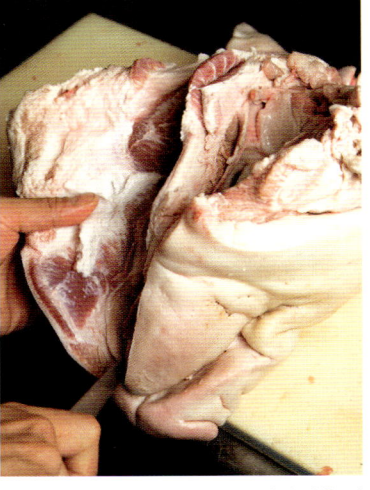 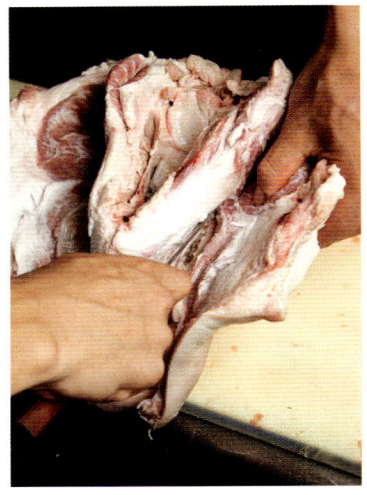

1 목 부분에서부터 칼을 뼈에 닿을 때까지 넣고 턱에 걸어 절개한다. 턱뼈를 따라 칼을 넣고 조금씩 뼈에서 고기를 벗겨낸다.

2 가르면서 도중에 볼살을 잘라낸다. 반대쪽도 똑같이 턱뼈를 따라 가르고 볼살을 잘라낸다.

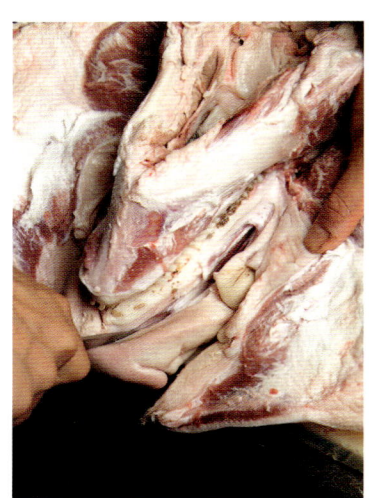 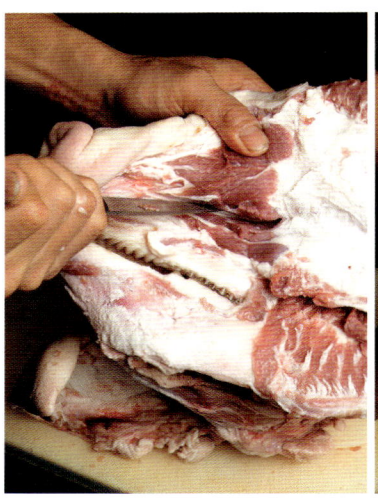

3 그대로 윗입술 쪽으로 가르면서 고기를 분리한다.

4 목 쪽에서 뼈와 고기 사이에 칼을 넣어 껍질과 고기를 벗겨나간다. 반대쪽도 목을 따라 칼집을 넣는다.

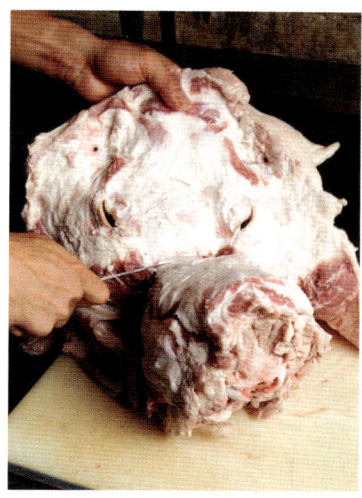

5 코끝을 향해 돌리는 듯한 요령으로 두개골을 분리한다.

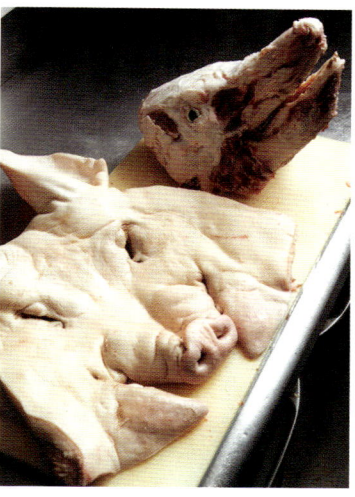

6 마지막으로 머리 껍질과 두개골로 나눈다.

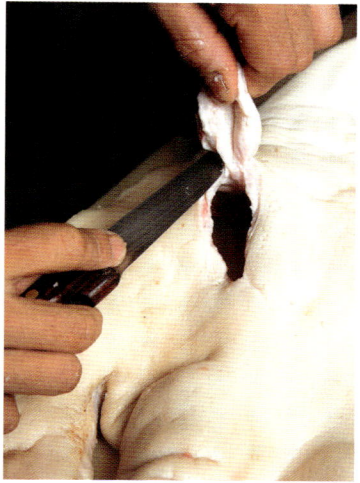

7 껍질 안에도 털이 있을 수 있는 눈 주위는 도려낸다.

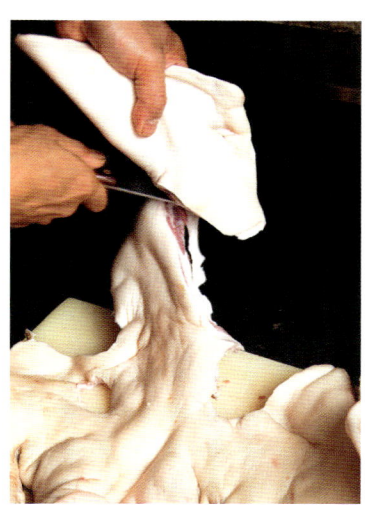

8 귀를 잘라내고 5cm로 네모나게 썬다. 안쪽까지 갈라 털이나 막도 제거한다.

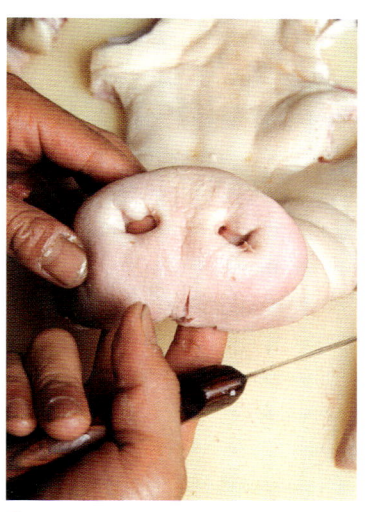

9 코도 잘라내고 절개하여 5cm로 네모나게 썬다. 코 연골이 붙어있지 않은지 확인한다.

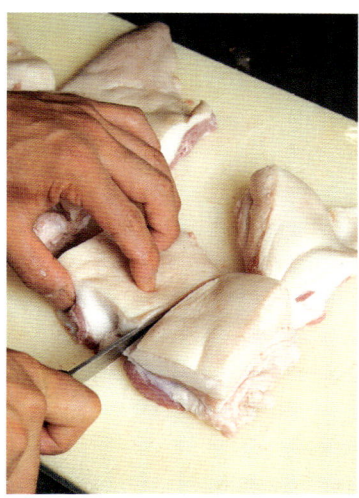

10 남은 머리 껍질도 전부 5cm로 네모나게 썬다.

 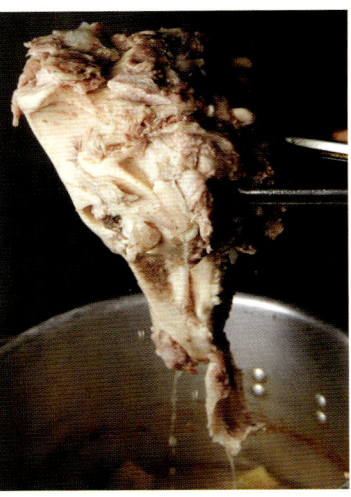 

11 8, 9, 10과 두개골, 향미 채소를 깊은 냄비에 넣고 물을 붓는다. 화이트와인과 암염을 넣어 끓이고 물에서 2시간 정도 삶는다.

12 돼지 껍질류가 충분히 푹 익으면 두개골을 꺼낸다.

13 다른 냄비에 체를 얹어 12를 거르고 향미 채소를 전부 빼낸다.

14 물기가 빠지면 배트에 올린다.

15 13에서 거른 국물은 한 번 끓여 불순물을 없애고 1.5ℓ 정도까지 조린다.

16 14의 삶은 돼지머리 껍질류는 전부 2cm로 네모나게 썬다.

17 코르니숑을 푸드 프로세서에 갈아 잘게 다진다.

18 15에 16, 17을 넣는다.

19 셰리 식초를 넣어 끓이고 맛을 보며 소금과 흰 후추로 간을 맞춘다.

20 간을 맞춘 후 파슬리를 넣어 섞고 1분 끓인다.

21 테린틀에 붓고 랩을 씌워 냉장고에서 식혀 굳힌다.

오리 발로틴
Ballotine de canard

사냥해서 잡은 오리 한 마리를 통째로 사용하여 만드는 발로틴은 재료를 양껏 채운 조리법이기도 하고, 프랑스 요리의 근간을 이루는 방법이어서 알아두었으면 하는 마음에 소개한다.
우선 오리 한 마리를 가르고 껍질 부분과 고기인 가슴살, 다리살, 연한 가슴살로 나눈다. 그리고 고기를 등 지방과 갈아 파르스로 만들고 껍질로 싸서 라드에서 가열한다.
물오리를 사용할 경우에는 껍질 아래 지방이 매우 적고 껍질이 잘 부서지기 때문에 한 장으로 가를 때 세심하게 주의해야 한다.

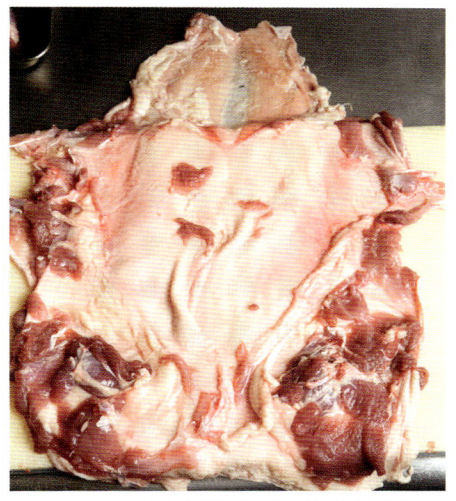

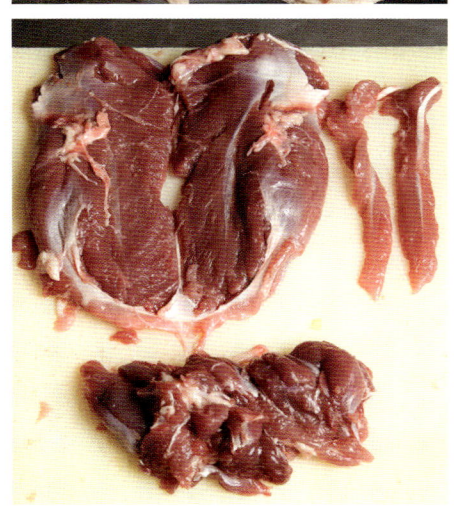

재료 (만들기 쉬운 분량)

가른 오리 껍질 — 한 마리분(▶p18)

가른 오리고기(가슴살. 다리살. 연한 가슴살) — 한 마리분

닭간 — 오리고기의 절반량

돼지 등 지방 — 오리고기의 절반량

조미료(위의 껍질 이외의 총량에 필요한 양)
  소금 — 19g
  흰 후추 — 5g

달걀 — 2개

크레핀 — 적당량

라드. 샐러드유 — 각각 적당량

1 가른 오리고기(가슴살, 다리살, 연한 가슴살)는 전부 한입 크기로 썬다. 닭간은 반으로, 돼지 등 지방은 3cm로 네모나게 썰고 전부 기계에 간다.

2 1을 볼에 옮기고 소금, 흰 후추, 달걀을 넣어 잘 섞는다.

 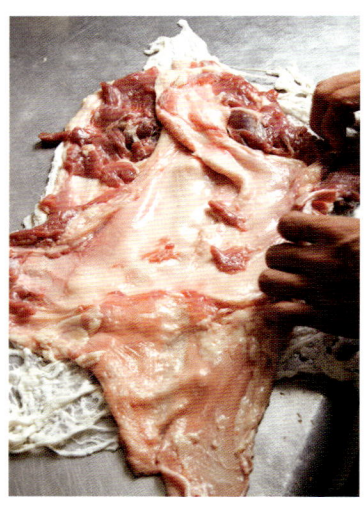 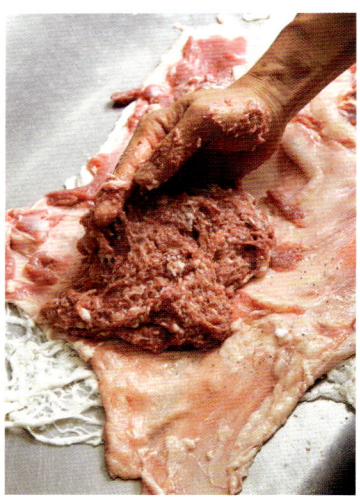

3 전체적으로 끈기가 생기고 끈적끈적해질 때까지 섞는다.

4 씻어서 물기를 뺀 크레핀을 펼치고 오리 껍질을 안쪽을 위로 가게 얹는다.

5 3을 손으로 떠서 가운데에 얹는다. 힘주어 두드리고 여분의 공기를 뺀다.

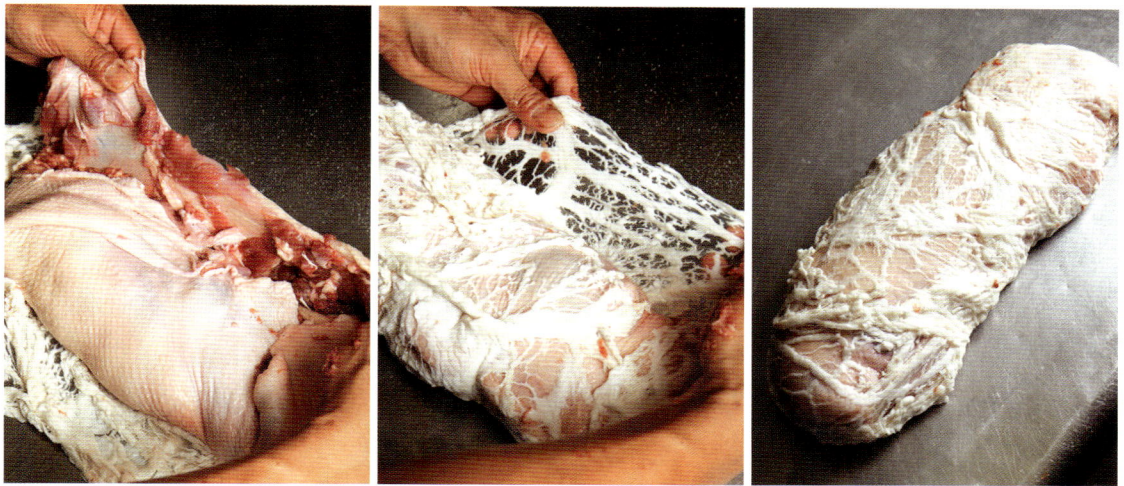

6 모양을 잡고 오리 껍질을 양쪽에서 들어 올려 덮는다. 그 위를 크레핀으로 양쪽에서 감싸듯이 감는다.

7 끓이는 동안 모양이 흐트러지지 않도록 실로 맨다. 우선 양끝. 그 다음 가운데, 이어서 좌우를 등분하면서 3cm 간격으로 묶는다. 끝에서부터 묶으면 고기가 한쪽으로 쏠리니 주의한다.

8 깊은 냄비에 7을 넣고 라드와 샐러드유를 절반씩 고기를 덮을 정도의 양을 넣는다.

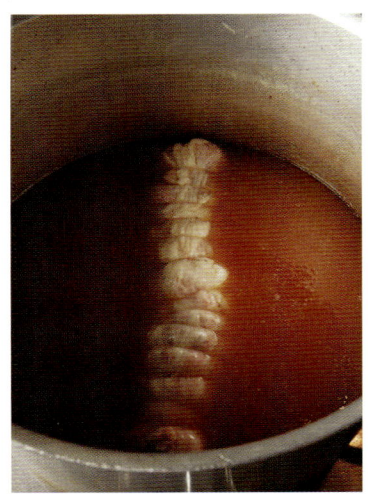
9 80℃로 데우고 그 온도를 유지하면서 40분간 가열한다.

10 익으면 배트에 건져 식힌다.

11 잔열이 날아가면 실을 풀고 냉장고에서 식힌다.

12 원하는 두께로 썰어서 제공한다.

토끼 로열

Lapin à la royale

로열이란 원래 궁중에서 먹던 녹을 정도로 부드러운 요리라는 뜻이다. 따뜻한 달걀 요리 등 다양한 종류가 있는데, 여기서 말하는 토끼 발로틴(껍질에 싼 것)은 토끼뼈를 베이스로 한 조린 국물로 끓인 요리를 가리킨다. 한 장으로 만든 토끼 껍질로 토끼 고기와 내장을 간 파르스를 싸서 향미 채소와 레드와인에서 끓여 완성하는 향긋한 맛이 매력적이다. 집토끼와 야생토끼는 맛이 전혀 달라 그 차이를 느껴보는 것도 재미있다.
사진은 가금류이지만 기회가 되면 야생토끼를 시도해 보아도 좋다. 또 같은 방법으로 앞 페이지의 오리 발로틴을 따뜻하게 완성해도 된다.

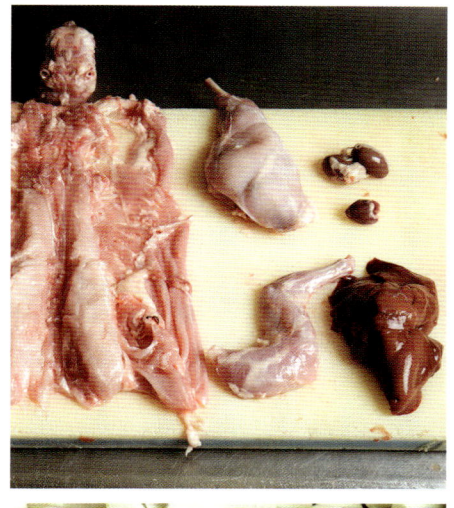

재료 (만들기 쉬운 분량)

가른 토끼(▶p20) —— 한 마리분(껍질, 앞다리살, 뒷다리살, 간, 살코기, 뼈와 머리 주위 고기)

돼지다리살 —— 적당량

돼지 등 지방 —— 적당량

조미료 (고기 1kg에 필요한 양)
- 소금 —— 12g
- 흰 후추 —— 3g

달걀 —— 1개

레드와인 —— 2ℓ

향나무 열매 —— 15알

향미 채소
- 마구 썬 양파 —— 1개분
- 마구 썬 당근 —— 1개분
- 마구 썬 셀러리 —— 1개분
- 마늘 —— 8쪽

샐러드유 —— 적당량

크레핀 —— 적당량

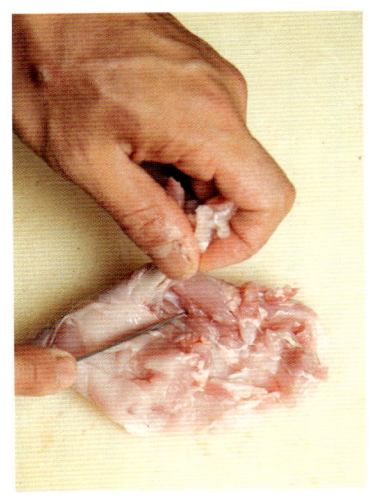

1 가른 토끼의 앞다리살과 뒷다리살은 각각 뼈에서 발라 파르스에 사용한다.

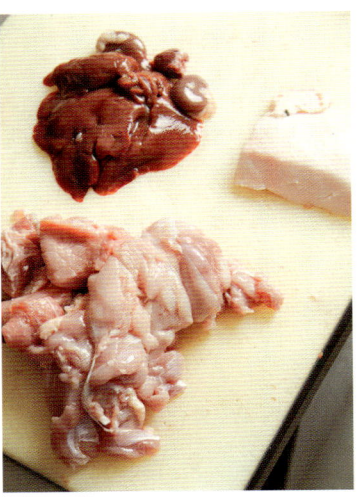

2 토끼 한 마리의 간 중량의 2배가 되는 고기가 필요하다. 앞다리살과 뒷다리살을 더한 분량으로 모자라면 돼지다리살을 넣어 조절한다. 돼지 등 지방은 간과 동량을 준비한다. 이 모든 중량으로 소금, 후추의 분량을 계산한다.

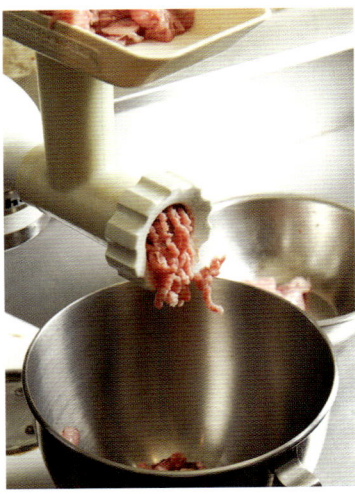

3 2를 전부(살코기 제외) 기계에 간다.

4 그대로 믹서용 장치를 끼우고 조미료(소금, 흰 후추)와 달걀을 넣어 끈기가 생길 때까지 섞는다. 끈적끈적해지면 된다.

5 씻어서 물기를 뺀 크레핀을 펼치고 토끼 껍질을 깐다.

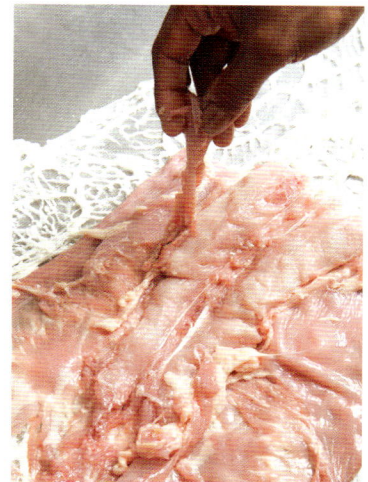

6 토끼 껍질의 목살 쪽에 살코기를 얹고 등살의 두께를 조정한다.

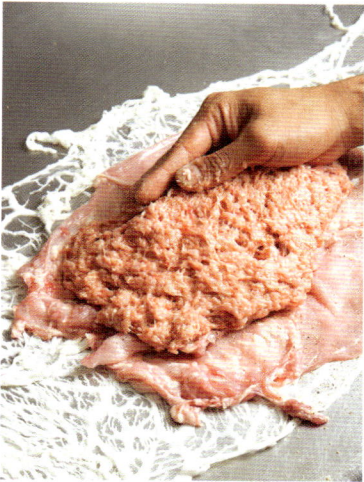

7 소를 손으로 떠서 힘주어 때리듯이 여분의 공기를 빼면서 가운데에 얹는다. 모양을 잡고 양끝에서 껍질을 덮어 가운데를 싼다.

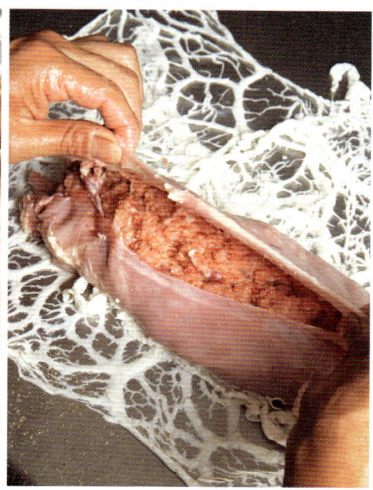

8 그 위에 크레핀을 덮어 감싸고 양끝을 아래쪽으로 접는다.

9 끓이는 동안 모양이 흐트러지지 않도록 실로 맨다. 먼저 중앙을, 이어서 좌우의 끝을 묶는다. 다음으로 중앙과 끝의 한 가운데 부분을 좌우 한 곳씩 묶는다. 또 그 가운데를 묶는다. 끝에서부터 묶으면 고기가 한쪽으로 쏠리니 주의한다.

10 소스를 만든다. 평평한 냄비에 샐러드유를 두르고 남은 뼈와 머리 주위 고기를 볶는다.

11 향미 채소를 넣어 흐물흐물해질 때까지 볶다가 레드와인을 붓는다.

12 9의 토끼 롤을 넣고 향나무 열매를 넣는다.

13 조린 국물을 끼얹으며 끓인다. 한 번 끓으면 뚜껑을 덮고 150℃의 오븐에 넣어 60~80분 가열한다.
※ 야생 토끼는 3~4시간 끓인다.

14 냄비에서 토끼 롤을 꺼낸다.

15 조린 국물은 다른 냄비에 거른다.

16 거른 국물을 끓여 불순물을 제거한 후 양이 절반으로 줄어들 때까지 조려 보관해두고 필요에 따라 사용한다.

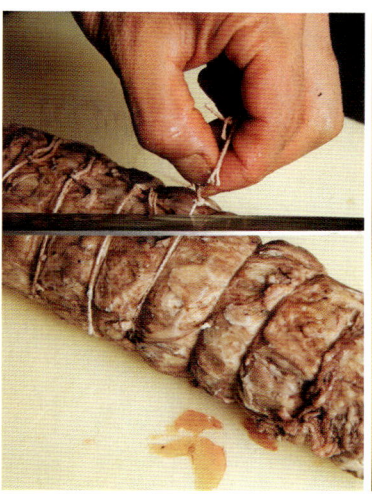

17 14의 토끼 롤은 실을 끊고 3cm 두께로 썬다.

18 2인분을 만든다. 16의 소스 250㎖를 냄비에 넣어 양이 절반으로 줄어들 때까지 조린다. 맛을 보고 소금과 후추(각각 분량 외)로 간을 맞춘다.

19 17을 넣고 10분 정도 끓여 간이 배게 한 후 그릇에 담는다.

20 고기를 꺼내고 남은 소스에 버터 1큰술(분량 외)을 넣어 끓인다. 필요하면 물에 녹인 콘스타치(분량 외)를 넣어 걸쭉하게 만든다. 19에 뿌린다.

※ 야생 토끼인 경우에는 돼지피를 넣고 섞어 농도를 맞춘다.

CHARCUTERIE KYOHON
ⓒ SHINYA OGINO 2014
Originally published in Japan in 2014 by Seibundo Shinkosha Publishing Co., Ltd., TOKYO, Korean translation rights arranged with Seibundo Shinkosha Publishing Co., LTD., TOKYO, through TOHAN COPORATION, TOKYO, and Botong Agency, SEOUL.

이 책의 한국어판 저작권은 Botong Agency를 통한 저작권자와의 독점 계약으로 한스미디어가 소유합니다.
신 저작권법에 의하여 한국 내에서 보호를 받는 저작물이므로 무단전재와 무단복제를 금합니다.

편집 및 스타일링　고마쓰 히로코
촬영　노구치 타케시
북디자인　마쓰다 유키마사, 휴가 마리코, 이노 가즈코(마쓰다 오피스)
요리명 프랑스어 번역　나가미네 지카요
교정　(주)베리타(카지와라 하쓰네, 미모리 유키코)
협력　가와시마식품 https://www.kawashima-s.co.jp/
　　　ZWILLING J.A. Henckels JP http://www.staub.jp

샤르퀴트리

1판 1쇄 발행 2019년 10월 23일
1판 2쇄 발행 2022년 11월 15일

지은이　오기노 신야
옮긴이　김경은
펴낸이　김기옥

실용본부장　박재성
편집 실용2팀　이나리, 장윤선
마케터　이지수
영업 전략　김선주
지원　고광현, 김형식, 임민진

디자인　푸른나무디자인
인쇄·제본　민언프린텍

펴낸곳　한스미디어(한즈미디어(주))
주소　121-839 서울시 마포구 양화로 11길 13(서교동, 강원빌딩 5층)
전화　02-707-0337 ｜ 팩스 02-707-0198 ｜ 홈페이지 www.hansmedia.com
출판신고번호　제 313-2003-227호 ｜ 신고일자 2003년 6월 25일

ISBN 979-11-6007-408-6 13590

책값은 뒤표지에 있습니다.
잘못 만들어진 책은 구입하신 서점에서 교환해드립니다.